AF283151

El amor que transforma

Cartas a una joven esposa

Alice von Hildebrand

Traducción y estudio introductorio
a cargo de Teresa Pueyo-Toquero
y José María Forment Costa

Cupón para la Biblioteca Virtual

Accede a la versión eBook de este título por solo **1,99 €**. Con la compra de este libro puedes utilizar el siguiente cupón para la lectura en *streaming** desde la Biblioteca Virtual. **Sigue estas instrucciones** para visualizar tu libro:

1. Dirígete a la web de la Biblioteca Virtual en **https://ebooks.eunsa.es**.

2. En la web ve a **Iniciar sesión** e introduce tu email y contraseña. Si no estás registrado, deberás completar el proceso en **Registrarse**.

3. Tras registrarte, accede a la página del libro o lee el QR de esta página. Bajo el precio podrás **insertar el código oculto en el siguiente cupón** para activar la promoción.

Despegue para visualizar

Acceso directo al eBook

No se admitirá la devolución del libro si el código promocional ha sido manipulado.

Canjéalo en ebooks.eunsa.es

*Con acceso a internet desde cualquier navegador.

Título original: *By Love Refined*
Publicado con permiso del Dietrich von Hildebrand Legacy Project.
© The Dietrich von Hildebrand Legacy Project
Sobre el Hildebrand Project El Proyecto promueve la rica tradición del personalismo cristiano, especialmente tal como fue desarrollado por Dietrich von Hildebrand y Karol Wojtyła (San Juan Pablo II), al servicio de la renovación intelectual y cultural.
Las publicaciones, programas académicos y eventos públicos del Proyecto introducen a los grandes pensadores y testigos personalistas de los siglos XX y XXI. Animados por una conciencia más profunda del misterio y de la dignidad de la persona humana, desarrollaron un personalismo que arroja nueva luz sobre la libertad y la conciencia, la trascendencia religiosa de la persona, la relación entre individuo y comunidad, el amor entre el hombre y la mujer, y el poder vivificante de la belleza. El Proyecto conecta su visión de la persona humana con las grandes tradiciones del pensamiento occidental y cristiano, y se nutre de su personalismo para responder a las necesidades y aspiraciones más profundas de nuestros contemporáneos.

Para más información, visite: *www.hildebrandproject.org*

© 2025. Traducción y estudio introductorio a cargo de
      Teresa Pueyo-Toqueroy José María Forment Costa
Ediciones Universidad de Navarra, S.A. (EUNSA)
Campus Universitario • Universidad de Navarra
31009 Pamplona • España
+34 948 25 68 50 • www.eunsa.es • eunsa@eunsa.es

ISBN 978-84-313-4078-0
DL NA 2214-2025

Queda prohibida, salvo excepción prevista en la ley, cualquier forma de reproducción, distribución, comunicación pública y transformación, total o parcial, de esta obra sin contar con autorización escrita de los titulares del Copyright. La infracción de los derechos mencionados puede ser constitutiva de delito contra la propiedad intelectual (Artículos 270 y ss. del Código Penal).

Ilustración generada con asistencia de inteligencia artificial al estilo pictórico de Joaquín Sorolla.

Imprime: Podiprint

Printed in Spain – Impreso en España

*Para mis amigos Maedel Hutton
y Nick & Jane Healy,
con gratitud*

*"Donde hay espacio para el corazón,
siempre hay espacio para la casa"*
Sören Kierkegaard

Índice

Estudio introductorio: Alice von Hildebrand y la pedagogía del amor conyugal

Teresa Pueyo-Toquero[1] y José María Forment Costa[2]

1   Teresa Pueyo-Toquero (ORCID 0000-0001-8823-4618) es doctora en Comunicación, Educación y Humanidades por la Universitat Internacional de Catalunya (2021) y profesora en la Universitat CEU Abat Oliba, donde imparte Antropología social y Doctrina social de la Iglesia. Su investigación se centra en la teoría de género, la mujer y la sexualidad, con especial atención a la teología de la feminidad —esto es, la comprensión de la identidad femenina a la luz del plan de Dios—. Desde este marco, ha estudiado y difundido el pensamiento de Alice von Hildebrand, cuya obra articula con rigor filosófico y profundidad espiritual los grandes temas de su línea de trabajo. Ha publicado varios artículos sobre la teología del cuerpo, el feminismo contemporáneo y la visión cristiana de la feminidad.

2   José María Forment Costa (ORCID 0000-0002-2093-0980) es doctor en Humanidades y Ciencias Sociales por la Universitat CEU Abat Oliba (2017); Licenciado en Filología Inglesa por la Universitat de Barcelona e Ingeniero de Caminos, Canales y Puertos por la Universitat Politècnica de Catalunya. Es Profesor de Arte y Literatura y de Doctrina social de la Iglesia en la Universitat CEU Abat Oliba. Su investigación se centra en el tratamiento del amor, la libertad y la vocación en la literatura universal, en diálogo con la antropología cristiana y la enseñanza social de la Iglesia, aplicando su visión del amor conyugal y la dignidad de la persona a la lectura crítica de la tradición literaria.

Introducción

Publicado en 1989, *El amor que transforma* se ha consolidado como una exposición lúcida y encarnada del ideal cristiano del matrimonio. Su forma epistolar —sesenta y seis cartas dirigidas por una madrina experimentada a una joven esposa— permite conjugar hondura teológica, agudeza psicológica y sabiduría práctica. Lejos de lo abstracto o sentimental, ofrece una guía concreta y realista para vivir el amor conyugal en clave de entrega, fidelidad y santidad. Aunque dirigido en primer término a matrimonios jóvenes católicos (a esa Julie representativa de tantas esposas), su alcance es universal: cualquier lector que aspire a amar con verdad hallará aquí luz y consuelo. No es casual que san Juan Pablo II, amigo personal de Alice von Hildebrand, al leer la edición original exclamara: "Que el Señor conceda a este libro el éxito que merece, ya que trata un tema muy importante y amenazado"[3]. Más de

---

3   John Burger, "Alice von Hildebrand, Catholic philosopher and critic of moral relativism, dies at 98," *Aleteia*, 14 de ene-

tres décadas después, su mensaje sigue resonando con renovada pertinencia.

Alice von Hildebrand (1923-2022) fue una filósofa católica de origen belga, docente en Hunter College (Nueva York) durante casi cuarenta años. Discípula y luego esposa del filósofo Dietrich von Hildebrand, destacó por defender con pasión la verdad objetiva y la dignidad humana en un entorno académico poco receptivo a la cosmovisión cristiana. Autora de varias obras[4], es especialmente conocida por sus reflexiones sobre el amor cristiano, la vocación femenina y el matrimonio. Su vida, sostenida por un matrimonio feliz y fecundo en lo espiritual (pese a no tener hijos biológicos) y por una

---

ro de 2022, https://aleteia.org/2022/01/14/alice-von-hildebrand-catholic-philosopher-and-critic-of-moral-relativism-dies-at-98/.

4   Las principales obras de Alice von Hildebrand traducidas al castellano son *El privilegio de ser mujer* (Pamplona: Eunsa, 2019) y *El alma de un león: la vida de Dietrich von Hildebrand* (Madrid: Palabra, 2002). Entre sus obras en otras lenguas destacan *Greek Culture, the Adventure of the Human Spirit* (New York: G. Braziller, 1966), *Introduction to a Philosophy of Religion* (Chicago: Franciscan Herald Press, 1970), *Women and the Priesthood* (Franciscan University Press, Steubenville, OH, 1994), *By Grief Refined: Letters to a Widow* (Franciscan University Press, Steubenville, OH, 1994), *Memoiren und Aufsätze gegen den Nationalsozialismus, 1933–1938* (Mainz: Matthias-Grünewald-Verlag, 1994), *Man and Woman: A Divine Invention* (Ave Maria, FL: Sapientia Press, 2002) y *Memoirs of a Happy Failure* (Saint Benedict Press, Charlotte, NC, 2014).

fe inquebrantable, la convirtió en un testimonio vi- viente de lo que predicaba. Al leer sus *Cartas a una joven esposa*, descubrimos a una intelectual brillan- te que, sobre todo, habla como una amiga sabia y comprensiva, deseosa de compartir la profundidad de su experiencia esponsal[5].

Aunque *El amor que transforma* no cita explíci- tamente documentos del Magisterio, su contenido se encuentra en profunda sintonía con la doctrina de la Iglesia sobre el matrimonio y la vocación con- yugal. Este estudio introductorio adopta un enfoque teológico-hermenéutico, poniendo en diálogo las enseñanzas prácticas expresadas en las cartas con las formulaciones doctrinales del Concilio Vaticano II, del Magisterio de Juan Pablo II y de Benedicto XVI. Esta lectura cruzada permite evidenciar cómo la obra de Alice von Hildebrand encarna, desde la experiencia concreta, principios que la teología ha articulado de forma sistemática[6].

---

5   Alice von Hildebrand ha sido descrita como una mujer que "mostraba lo que significa tener la inteligencia purificada por el amor", capaz de transmitir con claridad y autoridad una sabiduría profundamente encarnada. Daniel Savage, "Remnant of Paradise: Selected Essays with Remembran- ces of Her Friends," *American Catholic Philosophical Quar- terly* 99, n.º 1 (2025): 131-134.

6   Sobre la legitimidad teológica del testimonio narrativo y espiritual como lugar de reflexión doctrinal, Cfr. Olegario González de Cardedal, *Cuatro poetas desde la otra ladera: Un ensayo de teología narrativa* (Madrid: Trotta, 2003). En esta obra, González de Cardedal defiende que determina-

Von Hildebrand defiende que el matrimonio es un don y una llamada a algo grande. El Magisterio de la Iglesia, siguiendo una tradición constante, ha subrayado siempre que el matrimonio es una vocación a la santidad[7]. Benedicto XVI recordó en *Deus caritas est* que "el matrimonio basado en un amor exclusivo y definitivo se convierte en el icono de la relación de Dios con su pueblo y, viceversa, el modo de amar de Dios se convierte en la medida del amor humano"[8]. Pero estas verdades, por profundas que sean, corren el riesgo de quedarse en lo abstracto si no se encarnan en la vida cotidiana. *El amor que transforma* convierte esos principios en pasos concretos para vivir juntos el ideal esponsal.

A través de sesenta y seis cartas repartidas en dos años (desde la luna de miel hasta el segundo aniversario), vemos cómo el ideal cristiano del matrimonio *se hace carne* en gestos y situaciones familiares reconocibles para cualquier pareja. En este

das voces poéticas y existenciales —no sistemáticas ni académicas en sentido técnico— pueden expresar con singular hondura verdades teológicas, precisamente por surgir de una experiencia vivida de fe. Esta perspectiva justifica metodológicamente la lectura de obras como *El amor que transforma* no solo como literatura espiritual, sino como vehículo legítimo de reflexión teológica encarnada.

7   Cfr. *Lumen Gentium*, 11. Todas las referencias a constituciones, encíclicas y otros documentos del Magisterio se han obtenido de la página web del Vaticano (https://www.vatican.va).

8   Benedicto XVI, *Deus Caritas est*, 11.

sentido, la presente traducción pone al alcance del lector hispanohablante un compendio de sabiduría espiritual y práctica, articulado en un lenguaje accesible pero hondamente arraigado en la experiencia del amor conyugal.

Fundamento antropológico y teológico del vínculo conyugal

En *El amor que transforma*, Alice von Hildebrand parte de un presupuesto antropológico y teológico fundamental: los esposos se aman y desean entregarse mutuamente *hasta que la muerte les separe*. Este horizonte indisoluble del matrimonio no se plantea como una opción entre otras, sino como el marco incuestionable dentro del cual toda dificultad ha de resolverse. Lily[9] asume desde la primera carta que Michael y Julie han contraído nupcias con la intención sincera de una entrega permanente, fiel y fecunda; no se trata de una pareja dubitativa ni propensa a relativizar sus votos, sino de dos almas firmemente convencidas de la validez absoluta de su compromiso. Así, la apertura de la correspondencia deja patente que "ahora comienza tu gran misión", la de "amar a un hombre, ser amada por él y estar unida libremente a él en matrimonio *hasta que la muer-*

---

9 Así firma todas las cartas la propia Alice von Hildebrand. Era conocida de este modo entre sus familiares y amigos.

te os separe"[10], en un eco claro del rito matrimonial. Lejos de rebajar la solemnidad de la promesa, von Hildebrand insiste en que "el matrimonio es un riesgo, un acto de audacia"[11], subrayando la seriedad de un vínculo sagrado e irrevocable[12].

Es precisamente la convicción de que la separación no figura entre las opciones válidas lo que otorga sentido a las exhortaciones de Lily: perdonar, perseverar, esforzarse y orar tendrían escasa relevancia si el compromiso no fuera absoluto. La Iglesia, en *Gaudium et spes*, recuerda que el auténtico amor conyugal "es indisolublemente fiel, en cuerpo y mente, en la prosperidad y en la adversidad"[13] y que, a través del sacramento, los esposos reciben la gracia para amarse con fidelidad perpetua. Lily, sin citar textualmente documentos eclesiásticos, transmite esta certeza: que Dios consagra la unión matrimonial y espera y hace posible la fidelidad. Bajo este axioma, cualquier crisis adquiere un propósito redentor: "Vale la pena luchar por el matrimonio y ningún sacrificio, ningún esfuerzo debe considerarse demasiado grande para alcanzar el noble objetivo de una unión perfecta entre los cónyuges"[14].

La elección de situar la correspondencia en un contexto de normalidad virtuosa no es anecdótica.

---

10 Carta "¡El amor es algo grande!".
11 *Ibidem.*
12 Cfr. Mt 19:6.
13 *Gaudium et spes, 49.*
14 Carta "Ha sido difícil vivir con él esta semana".

Von Hildebrand no trata casos límite de infidelidad, violencia o separación inminente, sino que parte de la premisa de la buena voluntad recíproca. Michael y Julie son personas básicamente sanas, con virtudes y defectos humanos, libres de malicia deliberada. Esta base de confianza mutua facilita el tono esperanzador del libro: si el amor es real y recíproco, cualquier adversidad puede afrontarse con la certeza de la victoria final. La autora reconoce la posibilidad de grandes tribulaciones, pero las interpreta conforme al misterio pascual: el amor conyugal debe pasar por la cruz para purificarse y resucitar más fuerte y las penas compartidas y ofrecidas se convierten en corredentoras.

En diálogo implícito con las ideologías contemporáneas, Lily adopta una postura contracultural respecto al feminismo radical y el igualitarismo que ignora las diferencias de los sexos. Propone en cambio una genuina complementariedad: igualdad plena en dignidad, sin pretender uniformidad de roles:

> Uno de los grandes errores de nuestro tiempo es la idea de que el servicio es degradante. ¡Qué error tan catastrófico! El servicio no pone en peligro la absoluta igualdad metafísica de los seres humanos: el hombre y la mujer están llamados a menudo a tocar instrumentos diferentes en la gran sinfonía de la vida[15].

---

15   Carta "¡Realmente soy feliz sirviéndole!".

Esta visión halla eco en *Mulieris dignitatem* de san Juan Pablo II, donde se expone la "unidad de los dos"[16] fundada por Dios desde el principio: una diversidad enriquecedora, no una rivalidad estéril. Para Lily, la mujer posee dones particulares —como la sensibilidad, la generosidad y la capacidad de sacrificio— que, lejos de cimentar un rol de inferioridad, permiten una profunda implicación humana y despiertan lo mejor del varón desde la ternura. Lily recuerda que la búsqueda de identidad absoluta entre los sexos puede conducir a injusticias mayores. Esta clave de complementariedad está en línea con la tesis central de *El privilegio de ser mujer*, donde von Hildebrand denuncia que cierta deriva igualitarista "asume inadvertidamente la superioridad del sexo masculino"[17] al tomarlo como patrón de realización y descoloca la identidad femenina, con efectos antropológicos y sociales graves; de ahí su advertencia: "la feminidad [...] es la pieza clave de la humanidad; una vez descolocada, las consecuencias son desastrosas". Esta crítica doctrinal ilumina el tono práctico de *El amor que transforma*: no rebaja la igualdad en dignidad, pero rechaza la uniformización que desfigura la vocación propia de cada sexo.

El carácter cristiano del texto se manifiesta en la imbricación constante de la fe con la vida cotidiana.

---

16 Cfr. *Mulieris dignitatem*, 6.
17 Alice von Hildebrand, *El privilegio de ser mujer* (Pamplona: Eunsa, 2019), p. 32.

No es un tratado abstracto de teología del matrimonio, sino una suerte de *teología narrativa*, donde Evangelio y praxis se entrelazan. Lily teje referencias bíblicas —a la Transfiguración, al himno del amor de san Pablo en su carta a los corintios, al mandato del perdón ilimitado— con consejos puntuales: rezar sola y en pareja, llevar las dificultades *a los pies de la cruz*, vivir el Viernes Santo y la Pascua en comunión con el misterio pascual, etc. También evoca santos como santa Mónica[18], cuya paciencia orante por la conversión de su esposo inspira la perseverancia conyugal, o santa Teresa de Calcuta[19], que sirve de modelo para amar en lo pequeño y no apartar el servicio de la oración.

   Desde la antropología cristiana, Lily insiste en la reverencia —la *Ehrfurcht* de Dietrich von Hildebrand— como raíz de todas las virtudes[20]. La reve-

---

18 Carta "Tal vez lo critico demasiado".
19 Carta "¡Cuántas fiestas!".
20 La noción de reverencia (*Ehrfurcht*) constituye una categoría central en la ética personalista de Dietrich von Hildebrand. En *The Art of Living* —obra escrita con la colaboración de Alice von Hildebrand— se define como la actitud fundamental que permite al ser humano captar el valor objetivo de los seres, más allá de su utilidad o agrado subjetivo. Esta disposición interior, que exige silencio interior, apertura y subordinación libre a lo valioso, es presentada como "la madre de toda vida moral", base de la justicia, la pureza, la caridad y la verdadera vida religiosa. Solo el hombre reverente, afirma Hildebrand, es capaz de reconocer en el otro su dignidad inviolable como persona espiri-

rencia mutua, entendida como reconocimiento humilde de la dignidad del otro, se expresa en gestos concretos: hablar con delicadeza, cuidar el tono, mantener la cortesía diaria pese al cansancio. Estas prácticas visibles de respeto interiorizan la convicción de que cada cónyuge es un *imago Dei* irrepetible. Incluso la sexualidad conyugal se aborda con naturalidad y pureza de intención: se reconoce la presencia de altibajos, invita a la paciencia y la ternura y convoca a la apertura a la vida, sin deslizarse nunca en lo vulgar. La castidad matrimonial, entendida como acogida y don de sí[21], se presupone como virtud indispensable.

El concepto de *visión Tabor* sintetiza admirablemente esta antropología del amor y es, probablemente, la idea central y más novedosa de la presente obra. Alude al Monte Tabor, escenario de la Transfiguración, para ilustrar cómo en el enamoramiento inicial los esposos reciben una *visión Tabor* mutua, una percepción luminosa de su belleza objetiva, que debe reavivarse cada día:

> ¿Recuerdas el relato evangélico de la Transfiguración? Los apóstoles fueron con Jesús a la cima del monte Tabor y, de repente, Jesús se volvió radiante y sus vestiduras de un blanco deslumbrante. Por

tual y responder con amor, respeto y entrega. Cfr. Dietrich von Hildebrand, *The Art of Living* (Steubenville, OH: Hildebrand Project, 2017), 1-8.
21 *Gaudium et Spes,* 48.

primera vez, los apóstoles pudieron ver directamente a Jesús, revestido de su gloria como Dios. Se transfiguró ante ellos.

Del mismo modo, cuando te enamoraste de Michael, viste su verdadero rostro, su belleza única: con los ojos del amor, se te concedió una visión Tabor de Michael.

Confía en esta brillante visión Tabor que se te ha concedido. Reavívala cada día en tu corazón y deja que alimente tu amor. Si dejas que sea la piedra angular de tu fidelidad a Michael, tu matrimonio será realmente rico[22].

Al igual que los apóstoles, tras ver a Cristo transfigurado, afrontaron el Calvario con esperanza, los cónyuges pueden superar sus cruces aferrándose a aquella visión de bondad recibida por gracia desde el noviazgo[23].

---

22 Carta "Sí, es el hombre adecuado para mí".
23 La conexión entre la luz del Tabor y la oscuridad del Calvario ha sido desarrollada en profundidad por Joseph Ratzinger, quien señala que la Transfiguración no es evasión de la Pasión, sino su anticipación: "La escena de la transfiguración indica la llegada del tiempo mesiánico. Al bajar del monte, Pedro debe aprender a comprender de un modo nuevo que el tiempo mesiánico es, en primer lugar, el tiempo de la cruz y que la transfiguración —ser luz en virtud del Señor y con Él— comporta nuestro ser abrasados por la luz de la pasión" (p. 367). En este sentido, la memoria de la luz recibida —también en el amor humano— sostiene la fidelidad en tiempos de prueba. Cfr. Joseph Ratzinger, *Jesús de Nazaret*. Madrid: La Esfera de los Libros, 2007.

En suma, *El amor que transforma* presenta una antropología del matrimonio fundada en la indisolubilidad, la complementariedad y la encarnación de la fe en la vida cotidiana. Mantiene intacta la seriedad del compromiso y, lejos de perder profundidad, condensa en cartas breves una catequesis completa sobre las virtudes conyugales, el sacramento del matrimonio y la antropología cristiana de la familia. Alice von Hildebrand no se limita a exponer doctrinas, sino que las traduce al lenguaje cercano de una correspondencia, ya que hace de cada consejo una aplicación viva de la teología. Su humildad y empatía —reconoce errores propios y la condición caída del ser humano— refuerzan el mensaje: sin la gracia de Dios, "sin Cristo, no podemos hacer nada"[24]. El resultado es una obra de valor permanente, que une teología y existencia, iluminando con esperanza y verdad las luchas cotidianas del amor.

---

24 Carta "Ha sido difícil vivir con él esta semana".

Pedagogía del amor en los comienzos del matrimonio

El amor que transforma se centra deliberadamente en los primeros dos años de matrimonio de Julie y Michael, sin que aparezcan hijos en ninguna de las sesenta y seis cartas. Esta omisión es una decisión pedagógica de Alice von Hildebrand (Lily) para enfocar la atención en la consolidación de la relación esponsal antes de introducir la complejidad de la paternidad. En esa etapa inicial, la pareja forja su identidad común, ajusta expectativas y aprende a convivir después de la luna de miel; crisis serias suelen originarse en estos primeros tiempos si no se gestionan bien los choques, de modo que el acompañamiento mes a mes que ofrece Lily se vuelve esencial para iluminar cada novedad desde la rutina tras el viaje nupcial hasta la primera Navidad en familia.

Al prescindir de los hijos, Lily puede profundizar en la dinámica marido-esposa: comunicación auténtica, vida íntima compartida, distribución de tareas y formación de hábitos domésticos[25]. En una carta,

---

25 La ausencia de hijos en estas cartas es un recurso narrativo que focaliza la relación esponsal; no implica una re-

contrasta la amargura de un esposo irritado por un dentífrico mal cerrado con la gratitud de la propia Alice hacia su esposo Dietrich cuando, en respuesta a su sugerencia, este empezó a secar la pastilla de jabón de manos después de lavarse[26]. Con ello, demuestra que la grandeza del amor se comprueba en los detalles humildes: cada gesto cotidiano es un hilo que, tejido con cariño, construye el tapiz del matrimonio[27].

El libro desarrolla una espiritualidad del amor en lo cotidiano, que evoca la *pequeña vía* de santa Teresita y la consigna de Madre Teresa de Calcuta: "No busquéis cosas grandes; haced solamente cosas pequeñas con gran amor"[28]. Lily insta a Julie a impregnar con alegría las tareas más tediosas, equivaliendo las labores domésticas a vitrales que revelan

---

comendación de posponer su acogida desde el comienzo del matrimonio. La doctrina católica llama a los esposos a vivir una paternidad responsable: apertura habitual a la vida unida al discernimiento prudente de los esposos, que "por graves motivos y en el respeto de la ley moral" pueden espaciar los nacimientos; sin legitimar un cierre al don de la vida ni una planificación utilitarista. Cfr. Pablo VI, *Humanae vitae*, 10 y 16.

26 Carta "Los que se aman no pueden preocuparse por pequeñeces".

27 Carta "¡Todas estas tareas domésticas sin sentido!".

28 Madre Teresa en Brian Kolodiejchuk, *Ven, sé mi luz: Las cartas privadas de la "Santa de Calcuta"* (Barcelona: Planeta, 2008), p. 54.

su belleza cuando la luz (el amor) los atraviesa[29]. En esta metáfora, el hogar es concebido como recinto espiritual y santuario doméstico[30], donde cada acto de servicio, desde barrer el suelo hasta preparar una comida, se transforma en obra de amor y medio de santificación.

Otro aprendizaje clave es el arte de la discusión y la cesión por amor. Inspirándose en la idea de Dietrich von Hildebrand del "crédito del amor"[31], Lily enseña a conceder siempre al cónyuge el beneficio de la duda, tomando como base a san Pablo (1 Cor 13:7). Así, al interpretar con benevolencia comentarios torpes, se evita el agravio innecesario y se fortalece la confianza mutua. Además, Lily distingue entre ceder por miedo (debilidad) y ceder libremente por amor (victoria interior), afirmando que la mayor de las victorias es "vencer [la] propia voluntad"[32] para complacer al ser amado. Estas pautas, unidas al rápido perdón y a la reconciliación afectuosa tras los desencuentros, convierten los conflictos en oportunidades de crecimiento, recordando la exhortación paulina a *vencer el mal con el bien* (Rm 12:21).

Para evitar peleas estériles, Lily aconseja aprender a discernir el tema principal de los conflictos y no quedarse en las variaciones secundarias. Emplea

---

29 Carta "¡Arreglar la casa lleva tanto trabajo!".
30 *Lumen gentium*, 11.
31 Carta "Me dolió mucho cuando me dijo eso".
32 Carta "Yo quiero un lavavajillas; él, un equipo de música".

la analogía musical de identificar la melodía fundamental antes de perderse en las ornamentaciones: cuando Julie y Michael envidian la perfección ajena, el problema real no es la conducta de sus amigos, sino su manejo de la comparación y la frustración[33]. De igual modo, la carta "¿Quién debe barrer el suelo?" muestra que el asunto central no es la división de tareas, sino la mutua disposición a colaborar según talante y circunstancias, equiparable a elegir el tema adecuado antes de discutir instrumentos y tonalidades. Esta metodología evita ahogarse en disputas triviales y permite focalizar la energía en lo esencial: el amor, la paciencia, la comunicación sincera y la flexibilidad.

Otro de los *leitmotifs* de la obra es el equilibrio entre vida profesional y familiar; un tema de notable actualidad que el libro aborda con sorprendente modernidad. Lily advierte contra el riesgo de que las ocupaciones sociales o laborales absorban el tiempo conyugal[34] y anima a ordenar el trabajo subordinándolo al proyecto familiar[35]. El ingreso económico, señala, es un medio para el bienestar común, no un fin que justifique descuidar el hogar. En sintonía con *Familiaris consortio*[36], el marido y la esposa deben preservar que ninguna ocupación *desgarre* la

---

33 Carta "Su matrimonio parece tan perfecto".
34 Carta "¡Cuántas fiestas!".
35 Carta "Tal vez debería dejar mi trabajo".
36 Cfr. *Familiaris consortio,* 25.

familia, sino que ambas vocaciones —la hogareña y la profesional— se integren en un proyecto vital común[37].

---

37 Cfr. Teresa Pueyo-Toquero, "Feminismo, trabajo e identidades posmodernas", en José Manuel Garrido Bermúdez (ed.), *Comunidad posmoderna* (Madrid: Dykinson, 2023), 33-46. En este trabajo se analiza cómo las ideologías modernas han contribuido a desvalorizar la vida doméstica al absolutizar la esfera profesional como único criterio de autorrealización. Frente a esta lectura dominante y siguiendo la propuesta de Alice von Hildebrand, se propone una relectura del trabajo y del hogar como parte de una jerarquía de bienes humanos que encuentra en la familia su centro integrador. Esta clave de interpretación permite comprender en *El amor que transforma* una antropología práctica donde el equilibrio entre hogar y profesión no es negación, sino articulación ordenada.

Apuntar alto: idealismo y realismo en *El amor que transforma*

El libro plantea desde el inicio la tensión entre propugnar un ideal conyugal elevado y el peligro de un idealismo desconectado de la realidad. Alice von Hildebrand, a través de su alter ego Lily, defiende que solo aspirando a ideales extremadamente altos podrán las parejas superar las pruebas cotidianas. Frente a quienes calificaron de demasiado idealista la exaltación del matrimonio, Lily responde que un faro de grandeza es imprescindible cuando el "mar está agitado"[38]. Dejar de soñar con un amor sublime equivale a condenar la relación a la mediocridad, pues sin ilusión ni esfuerzo ningún matrimonio prospera.

Lejos de promover un idealismo ingenuo, Lily combina la visión trascendente con orientaciones prácticas paso a paso. Advierte con contundencia que una visión mediocre del matrimonio conduce a un matrimonio mediocre y anima a los esposos a apuntar a la santidad conyugal, pues solo un ideal

---

38 Carta "Ha sido difícil vivir con él esta semana".

grande justifica grandes sacrificios. Esta lógica remite a la esperanza cristiana: como los Apóstoles subieron al Tabor y, así, sostuvieron su fe durante la Pasión de Cristo, los enamorados deben conservar el recuerdo de la cumbre de su amor para resistir los inevitables calvarios posteriores.

Aunque en ocasiones la exaltación del vínculo con palabras como "remanente del Paraíso"[39] o "experiencia terrenal más grande"[40] suene inalcanzable, Lily deja claro que esa visión no se contradice con las dificultades presentes. Reconoce que "somos muy malos amantes"[41] a causa del pecado original y que el egoísmo demandará una lucha constante. Pero precisamente por ello insiste en mantener el ideal: ¿por qué esforzarse si no se cree que el matrimonio merezca la pena? Solo un ideal sublime da sentido al sacrificio.

Al mismo tiempo, von Hildebrand advierte sobre el riesgo de que lectores poco preparados espiritualmente se desanimen ante un estándar de virtudes elevadas —paciencia heroica, perdón constante, servicio alegre—. Para contrarrestar esa percepción, insiste una y otra vez en la dependencia de la gracia divina: "sin Cristo no podemos hacer nada" (Jn 15:5) y, en plena Pascua, recuerda la transición de la oscu-

---

39 Carta "¡El amor es algo grande!".
40 *Ibidem.*
41 Carta "Ha sido difícil vivir con él esta semana".

ridad del Viernes Santo a la luz de la Resurrección[42]. Este componente sobrenatural equilibra la exigencia moral y renueva la esperanza tras cada tropiezo.

42 Carta "Ha sido difícil vivir con él esta semana".

Estructura y aspectos formales de esta edición

La forma epistolar semificticia del libro sirve de vehículo narrativo para volcar lecciones reales extraídas
de los casi cuarenta años de matrimonio de Alice
con Dietrich y de su labor como mentora de nume-
rosas parejas. Aunque Julie y Michael no existieron,
todo lo narrado se basa en anécdotas y consejos
reales, en reflexiones desarrolladas en las obras de
Dietrich von Hildebrand y en conferencias y escritos
de Alice.

Una de las fuentes más significativas en las que
se plasma esa convergencia entre filosofía afectiva
y vocación conyugal es el ensayo *El corazón*, escrito
a cuatro manos por Alice y Dietrich von Hildebrand.
Allí se ofrece una fundamentación fenomenológica
de la afectividad, que será clave para entender cómo
El amor que transforma atribuye a los sentimientos
—especialmente al amor conyugal— un valor cog-
noscitivo y moral. Frente a una visión reductiva de
la afectividad como irracional o secundaria, los Hildebrand la defienden como una vía privilegiada de

acceso al valor del otro, lo que otorga base teórica a la *visión Tabor* que vertebra la obra epistolar[43].

El recurso de la ficción epistolar aporta agilidad y complicidad, mientras que la experiencia de vida subyacente garantiza autenticidad y autoridad moral: Lily habla como viuda que perseveró *hasta la muerte* de su esposo, fallecido en 1977, y volcó esas vivencias en la obra publicada en 1989 bajo el título *By Love Refined: letters to a young bride*.

Este híbrido de formación y testimonio, similar a las *Cartas del diablo a su sobrino* de C. S. Lewis, ofrece un acompañamiento íntimo y real: Lily encarna la madrina y amiga sabia, que todo recién casado desearía tener. De ahí que, pese a su estructura novelada, *El amor que transforma* sea esencialmente un manual de orientación matrimonial, donde la voz de la autora palpita con autenticidad.

La edición española adopta el título *El amor que transforma. Cartas a una joven esposa* en lugar de la traducción literal *Refinada por amor* para conec-

---

43 *El corazón: Un análisis de la afectividad humana y divina* logra "conceder un puesto para el corazón como órgano de la afectividad a la par de las facultades espirituales del entendimiento y la voluntad" (Díaz-Soto 2014, p. 96) y reconoce el valor del amor, la compasión y la felicidad como "protagonistas de excepción en el núcleo más propio del corazón humano" (p. 97). Desde esta base, *El corazón* ofrece claves esenciales para comprender el trasfondo antropológico y teológico de obras como *El amor que transforma*. Para una interpretación crítica de la obra, Cfr. Echavarría 2016.

tar mejor con el lector hispanohablante[44]. Mientras que *refinar* aludiría a un pulido estático y podría sonar poco natural o superficial, *transformar* evoca un cambio dinámico y total, acorde con la metáfora de los vitrales que se convierten en esculturas de color bajo la luz del sol[45]. Además, sitúa el foco en el amor mismo como agente activo de cambio, en línea con la tradición cristiana que identifica el ágape divino como fuerza transfiguradora del ser humano[46].

El nuevo título conserva el subtítulo *Cartas a una joven esposa* para enfatizar la continuidad con *By Love Refined* y aclarar el género epistolar.

En el original inglés, Alice von Hildebrand alude con frecuencia a la Sagrada Escritura, a sentencias de autores griegos y cristianos y a ideas de Dietrich von Hildebrand, pero rara vez ofrece citas literales o identifica la obra. Esta edición ha verificado e iden-

---

44 Esta edición ha optado por una traducción de fidelidad semántica y formal, manteniendo el tono epistolar y el registro accesible del original, pero adecuando las expresiones culturales y espirituales al lector hispanohablante. Se ha buscado respetar el equilibrio entre cercanía afectiva y profundidad doctrinal que caracteriza la obra, evitando tanto la literalidad excesiva como la sobreinterpretación. Las decisiones terminológicas responden a criterios de inteligibilidad, naturalidad y fidelidad teológica. En caso de ambigüedades, se ha privilegiado el sentido más acorde con la tradición magisterial y con el pensamiento de Alice y Dietrich von Hildebrand.

45 Carta "¡Arreglar la casa lleva tanto trabajo!".

46 Benedicto XVI, *Deus Caritas est*.

tificado sistemáticamente esas alusiones, fijando las referencias bíblicas, patrísticas y clásicas y normalizando las citas en notas a pie. Cuando la atribución no es inequívoca, se indica como paráfrasis o atribución tradicional. Estas notas son propias de la edición española y buscan dotar al volumen de aparato académico sin alterar su tono epistolar.

A pesar de la importancia creciente de la figura de Alice von Hildebrand, la bibliografía secundaria académica centrada exclusivamente en su obra sigue siendo escasa. Existen homenajes y recensiones, pero faltan análisis sistemáticos que exploren su pensamiento en profundidad. Esta laguna crítica resalta la necesidad de estudios como el presente, que contextualicen y dialoguen con sus textos desde marcos teológicos y filosóficos actuales.

Bibliografía

Benedicto XVI. *Deus Caritas est*. Carta encíclica sobre el amor cristiano, 25 de diciembre de 2005.

Burger, John. "Alice von Hildebrand, Catholic philosopher and critic of moral relativism, dies at 98." *Aleteia*, 14 de enero de 2022. https://aleteia.org/2022/01/14/alice-von-hildebrand-catholic-philosopher-and-critic-of-moral-relativism-dies-at-98/.

Concilio Vaticano II. *Gaudium et spes*. Constitución pastoral sobre la Iglesia en el mundo actual, 7 de diciembre de 1965.

— *Lumen Gentium*. Constitución dogmática sobre la Iglesia, 21 de noviembre de 1964.

Díaz-Soto, Víctor M. "Un personalismo encarnado en el corazón: aportes de Dietrich von Hildebrand". En *Filosofía y personalismo en un mundo en crisis*, vol. 1, 95–112. Bogotá: Universidad Católica de Colombia, 2014.

Echavarría, Martín Federico. "El corazón: un análisis de la afectividad sensitiva y la afectividad intelectiva en la psicología de Tomás de Aquino". *Espíritu:*

Cuadernos del Instituto Filosófico de Balmesiana 65, n.º 151 (2016): 41-72.

González de Cardedal, Olegario. *Cuatro poetas desde la otra ladera: Un ensayo de teología narrativa*. Madrid: Trotta, 2003.

Juan Pablo II. *Mulieris dignitatem*. Carta apostólica sobre la dignidad y vocación de la mujer, 15 de agosto de 1988.

Kolodiejchuk, Brian. *Ven, sé mi luz: Las cartas privadas de la "Santa de Calcuta"*. Barcelona: Planeta, 2008.

Pablo VI. *Humanae vitae*. Carta encíclica sobre la regulación de la natalidad, 25 de julio de 1968.

Pueyo-Toquero, Teresa. "Feminismo, trabajo e identidades posmodernas". En José Manuel Garrido Bermúdez (ed.), *Comunidad posmoderna*, 33-46. Madrid: Dykinson, 2023.

Ratzinger, Joseph. *Jesús de Nazaret*. Madrid: La Esfera de los Libros, 2007.

Savage, Daniel. "Remnant of Paradise: Selected Essays with Remembrances of Her Friends." *American Catholic Philosophical Quarterly* 99, n.º 1 (2025): 131-134.

von Hildebrand, Alice. *By Grief Refined: Letters to a Widow*. Steubenville, OH: Franciscan University Press, 1994.

— *El privilegio de ser mujer*. Pamplona: Eunsa, 2019.

— *Greek Culture, the Adventure of the Human Spirit*. New York: G. Braziller, 1966.

— *Introduction to a Philosophy of Religion.* Chicago: Franciscan Herald Press, 1970.

— *Man and Woman: A Divine Invention.* Ave Maria, FL: Sapientia Press, 2002.

— *Memoirs of a Happy Failure.* Charlotte, NC: Saint Benedict Press, 2014.

— *Women and the Priesthood.* Steubenville, OH: Franciscan University Press, 1994.

von Hildebrand, Dietrich, von Hildebrand, Alice and Rudolf Ebneth. *Memoiren und Aufsätze gegen den Nationalsozialismus, 1933–1938.* Mainz: Matthias-Grünewald-Verlag, 1994.

— *El corazón.* Madrid: Ediciones Palabra, 1997.

von Hildebrand, Dietrich. *The Art of Living.* Steubenville, OH: Hildebrand Project, 2017.

Cartas a una
joven esposa

"¡El amor es algo grande!"

Querida Julie:

Por fin, tu profundo anhelo se ha cumplido: amar a un hombre, ser amada por él y estar libremente unida a él en matrimonio "hasta que la muerte os separe"[47].

Ahora comienza tu gran misión. Juntos, Michael y tú debéis entretejer en el tapiz de vuestra vida los muchos temas de los que hablamos durante vuestro compromiso: la belleza del matrimonio —sus tareas, sus alegrías— y el poder del amor para aligerar sus cargas y sus penas.

Sé hasta qué punto habéis comprendido las palabras de Thomas Kempis: "El amor es algo grande"[48]. El matrimonio también es algo grande: la relación más completa, más intensa y más hermosa posible entre dos seres humanos.

---

47 Fórmula tradicional del rito matrimonial católica que resume la indisolubilidad del enlace matrimonial.
48 En la traducción literal de *Imitación de Cristo*. "Gran cosa es el amor" (III, V, 3).

Pero, como todas las grandes cosas de la vida, el matrimonio es un riesgo, un "acto de audacia"[49] (como decía Kierkegaard). Por eso es imposible un matrimonio feliz para las personas que nunca dan un paso que pueda amenazar su seguridad. Michael y tú tenéis ahora en vuestras manos el poder de crear un cielo o un infierno terrenal. No es ningún secreto que el matrimonio puede convertirse rápidamente en un infierno para los cónyuges. Pero recuerda que, humanamente hablando, un gran amor entre marido y mujer también puede ser la fuente de felicidad más profunda de este lado del Cielo.

¡Qué sobrecogedor es ver la belleza de otra alma, amarla y luego poder compartir su intimidad, llegar a ser uno con ella! No hay experiencia terrenal que sea más grande que esta unidad de almas, mentes, corazones y cuerpos en el matrimonio, razón por la cual mi marido siempre lo llamó un *remanente del paraíso terrenal*.

Un amor esponsal tan sublime es un don, pero un don que hay que cuidar y abrigar. Debido a las imperfecciones humanas, surgen dificultades en el matrimonio, incluso entre personas (como tú y Michael) que se aman profundamente. Creo que pronto descubrirás que, por eso, aunque el amor es un don, también hay que aprenderlo, sobre todo cuando intentas relacionarlo con tu vida cotidiana, que

---

49 "Hace falta valor para casarse" (Kierkeggard, 1955, p.91).

no se vive en un castillo de cuento de hadas, sino en medio de presiones, problemas y pruebas diarias.

Ninguna persona o institución externa puede garantizar que Michael y tú alcancéis la alegría en vuestro matrimonio. Tendréis que enfrentaros vosotros mismos a los problemas del matrimonio. Vuestro éxito no dependerá de las circunstancias exteriores, sino de vuestras propias actitudes interiores: ¿estáis ambos dispuestos a librar la batalla por vuestro matrimonio, confiando en que vuestro amor mutuo, fortalecido por la gracia, alcanzará la victoria a pesar de las tempestades que amenazan toda empresa humana?

Sé que ya habéis comenzado a experimentar las esperanzas y las delicias del matrimonio y que seguiréis haciéndolo en los próximos meses. Mi corazón se llena de alegría por vosotros.

Tu fiel amiga,
Lily

"¡Arreglar la casa lleva tanto trabajo!"

Querida Julie:

Qué contraste entre el encanto de tu boda, el placer de tu luna de miel y las muchas tareas a las que te enfrentas ahora para organizar una casa y llevarla bien con un presupuesto limitado. Me alegra ver que habéis incorporado a estas tareas la alegría de estar enamorada, que aligera cualquier carga.

Aunque ahora será más difícil hacerlo por carta que en persona, intentaré seguir compartiendo con vosotros ideas de mi propio matrimonio y de cientos de mis amigos casados y alumnos que han confiado en mí a lo largo de los años.

Nosotros ya hemos recorrido este camino y quizá nuestras experiencias puedan ayudaros a ti y a Michael a evitar algunos de nuestros errores, ahora que emprendéis la tarea de formar un hogar juntos.

Esto es especialmente difícil, ya que el hogar debe ser mucho más que un lugar donde comer y dormir. Debe ser ese recinto misterioso en el que vuestras dos vidas puedan echar raíces, un lugar donde ambos estéis resguardados, protegidos, lejos del ajetreo de la vida profesional. Debe convertirse en el lugar donde podáis descansar espiritualmente y podáis atreveros a ser vosotros mismos porque os sabéis queridos.

Cada uno de vosotros tiene ahora la vocación de crear este *espacio* espiritual en el que puedan florecer vuestras dos vidas. Esto es muy distinto de ganarse un sueldo, arreglar el coche, hacer la colada o fregar los platos.

Tu propia misión como esposa va mucho más allá de las tareas domésticas, que un empleado podría hacer igual de bien. Debes crear un nido de amor, un lugar donde sea bueno estar.

¡Qué gran diferencia hay entre hacer tareas serviles para ganar dinero y pagar facturas y hacerlas porque te alegras de crear un hogar para tu amado Michael, la persona más cercana a ti en la tierra!

Vistas desde fuera, las vidrieras de una iglesia parecen apagadas y oscuras; pero cuando entras en la iglesia y puedes ver esas mismas vidrieras iluminadas por los rayos del sol, descubres su increíble belleza.

La luz del sol puede transformar las vidrieras en magníficas obras de arte. Del mismo modo, puedes dejar que tu amor por Michael transforme las pequeñas y aburridas tareas de la vida cotidiana en magníficas obras de amor.

Con todo mi afecto,
Lily

"Los que se aman no pueden preocuparse por pequeñeces"

Querida Julie:

Te agradezco tu franqueza. Como tu madrina, hace que mis deberes sean más fáciles de cumplir. Dices que, aunque la analogía de las vidrieras es muy conmovedora, no obstante, los verdaderos amantes se preocupan por *las grandes cosas, las cosas bellas* y no deben dejarse inquietar por las pequeñeces.

Roy no estaría de acuerdo.

Él y mi amiga Evelyn llevan casados treinta y cinco años. Ella es descuidada y él meticuloso. Durante su luna de miel, Roy se dio cuenta de que ella siempre se dejaba abierto el tubo de la pasta de dientes. Le pidió que lo tapara, pero ella se rio de él, alegando que tenía los hábitos de una solterona. Una y otra vez, Roy le ha pedido que cambie. No ha hecho nada. Después de treinta y cinco años, el tubo sigue abierto y Roy se ha resignado.

Compara esto con la actitud de mi propio marido. Al principio de nuestro matrimonio, me di cuenta de que siempre dejaba la pastilla de jabón nadando en un pequeño charco de agua. Poco a poco se iba desintegrando hasta convertirse en una sustancia viscosa y poco atractiva. Se lo hice notar. A partir de ese día, se empeñó en secar el jabón después de cada uso, hasta tal punto que yo no podía saber por el *testimonio del jabón* si se había lavado o no. (Además —y esto es típico de él— también desarrolló una fuerte aversión por el jabón pegajoso). Esto me conmovió tanto, que hasta el día de hoy siento una oleada de amorosa gratitud por este gesto de amor pequeño pero significativo.

Mi marido era un gran amante. Y porque lo era, conseguía relacionar las cosas más pequeñas con el amor y estaba dispuesto a cambiar para complacer a su amada en todas las cosas legítimas. Esta característica es típica del gran amor.

Estoy segura de que, a medida que tu amor se haga más profundo, tú también llegarás a ver cómo cuanto más grande es el amor, más impregna incluso los aspectos más pequeños de la vida.

Con cariño,

Lily

"Sí, es el hombre adecuado para mí"

Querida Julie:

Me alegra saber que tu amor por Michael se ha profundizado en las cuatro semanas que llevas conociéndole como marido (en lugar de como prometido). Está claro que realmente se te han concedido *los ojos del amor*.

Normalmente, solo encontramos en los demás una caricatura de su ser; solo somos capaces de discernir lo que han hecho de sí mismos en lugar de lo que están destinados a ser.

En otros casos, solo vemos lo que los demás nos permiten ver, pues ocultan su verdadero yo porque han sido heridos muchas veces o son tímidos o temen ser malinterpretados.

Sin embargo, aunque no lo veamos a menudo, todas las personas han sido creadas a imagen y semejanza de Dios; cada una de ellas, de algún modo misterioso, lo refleja y tiene en sí misma una belleza increíble, que en su mayor parte está cubierta por el polvo y la suciedad del pecado.

Cuando te enamoraste de Michael, recibiste un gran regalo: tu amor te llevó más allá de las apariencias y te concedió una percepción de su verdadero ser, de quién está destinado a ser en el sentido más profundo de la palabra. Descubriste su *nombre secreto*.

A los que aman se les ha concedido el privilegio especial de ver con increíble intensidad la belleza de la persona a la que aman, mientras que otros ven sobre todo sus actos exteriores y, en particular, sus defectos. En este momento, ves a Michael con más claridad que cualquier otro ser humano vivo.

Puedo ilustrarlo mejor con una historia del Evangelio (que es tan esclarecedora que incluso un no creyente puede sacar provecho de ella). ¿Recuerdas el relato evangélico de la Transfiguración? Los apóstoles fueron con Jesús a la cima del monte Tabor y, de repente, Jesús se volvió radiante y sus vestiduras de un blanco deslumbrante. Por primera vez, los apóstoles pudieron ver directamente a Jesús, revestido de su gloria como Dios. Se transfiguró ante ellos[50].

Del mismo modo, cuando te enamoraste de Michael, viste su verdadero rostro, su belleza única: con los ojos del amor, se te concedió una *visión Tabor* de Michael.

---

50 El episodio de la Transfiguración se narra en Mt 17, 1-9; Mc 9, 2-8; Lc 9, 28-36. Véase también la referencia retrospectiva en 2 Pe 1, 16-18.

Confía en esta brillante visión Tabor que se te ha concedido. Reavívala cada día en tu corazón y deja que alimente tu amor. Si dejas que sea la piedra angular de tu fidelidad a Michael, tu matrimonio será realmente rico.

Con todo mi amor,

Lily

"¿Por qué dicen que 'el amor es ciego'?"

Querida Julie:

No te enfades por los comentarios que oíste en el picnic del 4 de julio. No es de extrañar que tus compañeros de trabajo no puedan entender por qué te enamoraste de Michael.

Ten en cuenta que la persona que ve está capacitada para emitir un juicio sobre lo que ve; pero quien no ve es, por propia admisión, ciego. Tú percibes la bondad y la belleza de Michael; ellos, no. Confía en tu vista, no en su falta de vista.

Ellos solo pueden percibir hechos neutros sobre Michael (como su altura, el color de sus ojos, cómo se ríe y el tipo de actividades que suele hacer). Esta información está al alcance de todos. Pero tú puedes ver más, como la nobleza y la bondad de Michael.

Como te sugería en mi última carta, incluso a nivel meramente factual tu visión de Michael es más completa, porque incluye cosas que los demás no pueden saber con solo mirarle. Deben preguntar para obtener esa información: dónde y cuándo nació, si tiene hermanos y hermanas, qué clase de personas son su padre y su madre. Cuanto más se acerque alguien a Michael, más información obtendrá, pero un amigo tiene que ser muy íntimo —y hay que confiar mucho en él— para que Michael revele su vida privada, sus desilusiones, sus alegrías y esperanzas, las heridas que ha recibido, su yo interior.

Estas cosas pertenecen a la esfera íntima de la vida de Michael, que incluye gran parte de su ser espiritual, psicológico e incluso físico. Muchas cosas de estos ámbitos son tan profundamente personales que exigen ser veladas ante extraños; simplemente son privadas por naturaleza y solo deben revelarse en un entorno de amor, donde serán tratadas con reverencia y asombro.

Cuanto más nos acercamos a otra persona y más confiamos en ella, más deseamos saber de ella, penetrar en su intimidad y que nos conozca también así.

Cuando te enamoraste de Michael, obtuviste una visión de su verdadero yo, el que suele ocultar a los demás, tanto porque es su intimidad como porque no quiere hacerse vulnerable a las personas que no se acercan a él con reverencia y amor.

Está bien esconderse de una mirada indiscreta y carente de amor, pero también está bien revelarse ante una persona en la que confiamos y a la que amamos. Esto ocurre entre tú y Michael. Ahora le conoces mejor que a ninguna otra persona porque ha confiado en ti lo suficiente como para revelarse ante ti de un modo que no ha revelado a ninguna otra persona humana.

Esta entrega mutua es el ideal del matrimonio y la razón por la que tu amor por Michael no es ciego, sino todo lo contrario: se basa en un conocimiento más profundo y una visión más clara de él que la que tiene cualquier otra persona. Solo quien ama ve; y quien ve más claro ama más profundamente.

Tu visión especial de Michael te permite amarle profundamente. Confía en este amor y nútrelo. Te traerá una alegría profunda.

Afectuosamente tuya,

Lily

"No puedo estar alegre por las mañanas"

Querida Julie:

El autor francés Balzac escribe: "Es más fácil ser amante que marido, porque es más fácil decir cosas ingeniosas de vez en cuando que ser ingenioso todos los días"[51].

Balzac está subrayando el hecho de que una relación ilícita se limita a un breve espacio de tiempo, cuando pones tu cara más atractiva. Pero el matrimonio es el matrimonio, a primera hora de la mañana y a última de la noche. Esta es una de las dificultades que todos los cónyuges encuentran en el matrimonio: están juntos cuando no están en su mejor momento.

Como has descubierto, dormir juntos es una intimidad estupenda y hermosa; pero también significa que os despertáis juntos, lo que para la mayoría de

---

51 Honoré de Balzac, *Fisiología del matrimonio o Meditaciones de filosofía ecléctica sobre la felicidad y la desgracia conyugales*, trad. F. H. Iglesias (Madrid: Librería de Edgardo López, 1879), pp. 93-94.

nosotros no es el mejor momento del día. Estamos despeinados, atontados por el sueño, sin ganas de hablar y, por lo general, con prisas para prepararnos para el trabajo del día.

A menos que este aspecto potencialmente desilusionante de la intimidad del matrimonio se contrarreste con una profundización de tu vida amorosa y espiritual —y una gran dosis de paciencia—, está destinado a causar dificultades que no surgen en una relación casual.

Hay formas de afrontar estos problemas. Si no estás animada por la mañana, habla con Michael de ello, pero hazlo más tarde, cuando estés más despejada. Hazle saber que lo sientes y que intentas cambiar, pero que no lo consigues. Asegúrale que por la mañana temprano no se encuentra con tu verdadero yo y pídele que evite las discusiones a esas horas, porque seguro que acaban mal. (¿No te ha pedido Michael que hagas lo mismo por él cuando llega cansado y malhumorado del trabajo?).

Sí, Balzac tiene razón: es más fácil ser amante que cónyuge, porque es más fácil estar lo mejor posible de vez en cuando que estar lo mejor posible todo el tiempo. Pero nuestra preocupación no es qué es más fácil; nuestra preocupación es qué es más hermoso: una relación basada en los sentimientos del momento o un amor profundo y duradero, sellado por el matrimonio, en el que los cónyuges se aman en los buenos y en los malos momentos, en la salud y en la enfermedad, hasta que la muerte los separa.

El matrimonio es el misterio hermoso del amor fiel, un tema tan profundo y tan fascinante que desata en mí un torrente de pensamientos que anhelo compartir contigo. Vuestro matrimonio será bendecido porque Michael y tú veis muchos de los peligros y os esforzáis por evitarlos con vuestro amor.

Por favor, dale mis saludos más afectuosos a Michael,

Lily

"¡Cuántas fiestas!"

Querida Julie:

Michael y tú lleváis una vida social muy ajetreada. Me alegra ver lo a menudo que hacéis cosas juntos, pero ten cuidado de no dejar que eso eclipse la dimensión más profunda de vuestro matrimonio.

Las películas y las cenas con amigos son agradables, pero solo vosotros dos juntos podéis desarrollar una relación Tú-Yo en la que os tengáis el uno al otro como tema exclusivo de interés. En esta relación especial entre tú y Michael, ninguna tercera persona u objeto detiene vuestra atención: os miráis el uno al otro, a los ojos, al alma y habitáis exclusivamente en la presencia del otro.

Esta profunda relación de alma a alma debería estar en el corazón de vuestro matrimonio y debe profundizarse y enriquecerse continuamente si queréis que vuestro amor crezca. Conozco muchos matrimonios que se han enfriado o incluso han fracasado porque la relación con otras personas o con los hijos se ha vuelto tan predominante que la dimensión Tú-Yo ha pasado completamente a un segundo plano. Los cónyuges han desviado completamente su atención del otro hacia otras actividades.

Ten cuidado de que esto no se convierta en un problema para ti y Michael. Los recién casados, sobre todo, suelen participar en un torbellino tan estimulante de fiestas y otras actividades (por no hablar de los trabajos) que cada noche se duermen agotados, pero no realmente más cerca el uno del otro como personas.

Con el paso del tiempo, sus vidas se volverán aún más ajetreadas (sobre todo cuando tengan hijos) y habrá más obstáculos para la pausada y dulce intimidad de la que ahora disfrutan (y que debería preservarse a toda costa). Así que ahora es el momento de desarrollar una profunda relación Tú-Yo entre Michael y tú, una relación que tendréis que alimentar mientras viváis.

El tiempo que tengáis el uno para el otro irá disminuyendo gradualmente, pero no dejes que la falta de tiempo se convierta en una excusa para evitar las conversaciones íntimas entre vosotros. Sobre todo, no dejéis nunca que vuestros encuentros Tú-Yo se limiten a la esfera sexual, que debe ser siempre una manifestación de vuestra unión espiritual y no el único encuentro común que tengáis.

El éxito en el matrimonio no es tanto una cuestión de tiempo como de anhelo amoroso. La Madre Teresa de Calcuta es sin duda una de las personas más ocupadas de la tierra y, sin embargo, pasa horas absorta en la oración y en la contemplación amorosa de nuestro Salvador. Solo allí encuentra la fuerza espiritual y física para hacer frente a sus abrumadoras obligaciones.

Del mismo modo, a lo largo de vuestro matrimonio, debéis procurar reservaros momentos para vosotros en los que olvidéis todo lo demás, habléis el uno con el otro, os concentréis exclusivamente el uno en el otro y reavivéis vuestro amor. En esos momentos, deja que Michael, y tu amor por él, sea tu gran tema absorbente. Estos momentos íntimos aumentarán vuestra devoción mutua y os traerán una profunda felicidad a los dos.

Os tengo siempre presentes en mis oraciones.

Con amor,

Lily

"Todavía me siento incómoda con las relaciones sexuales"

Querida Julie:

Cuando te sentiste atraída por Michael por primera vez, me llamaste para hablar de tu afecto creciente por él. El poder de ese afecto te perturbaba y su significado aún no estaba claro. Mientras hablábamos por teléfono, tu hermano pequeño entró en la habitación y le pediste que se marchara hasta que termináramos de hablar.

¿Fue porque el tema del amor es feo o vergonzoso? ¿O fue porque te diste cuenta de que tu atracción por Michael era algo muy íntimo, profundo y personal que Bobby no podría haber entendido o que incluso podría haber ridiculizado?

Me dijiste que te sonrojaste cuando Bobby entró por primera vez en la habitación; estoy segura de que tú también te sonrojarías si te sorprendieran haciendo algo malo. Aunque exteriormente estos rubores parecen iguales, su motivación es muy distinta: la vergüenza es esencialmente diferente de lo que yo llamaría *santa timidez*. La vergüenza es la respuesta adecuada a algo feo o malo; la santa timidez es nuestra respuesta a algo bello e íntimo.

Tu amor por Michael era por naturaleza algo íntimo, que solo compartías con aquellas pocas personas en las que confiabas plenamente. Así también, la esfera sexual, que pertenece a una capa muy profunda de tu alma, es por su naturaleza muy privada y exige la respuesta de la santa timidez. Las malas acciones son vergonzosas; pero no hay absolutamente ninguna vergüenza asociada a las relaciones sexuales entre esposos. Al contrario: esta unión es una hermosa manifestación del amor esponsal.

La modestia es la virtud que guarda la esfera íntima de vuestra sexualidad y asegura que no será profanada. Es correcto que invites a Michael a este misterioso reino de tu alma porque te ama y tú le amas y porque ambos habéis sellado vuestro amor con el compromiso incondicional y para toda la vida del matrimonio. Vuestro compromiso mutuo, arraigado en el amor, te da la confianza para revelarte físicamente ante Michael, sabiendo que sexualmente él se mostrará hacia ti con amor.

Esta revelación física es un nuevo acto de entrega, un regalo único que complementa y satisface tu anterior entrega psicológica y espiritual. Qué hermoso es descubrirte ante tu cónyuge, en quien confías plenamente, diciéndole: "Confío en ti tan plenamente que sé que nunca jamás traicionarás mi confianza. Confío en tu generosidad y en tu amor".

En este acto no hay vergüenza alguna: solo bondad, belleza y nobleza. Es como darle a Michael la llave de un hermoso jardín de flores con una fragancia sublime. Pero este jardín debe mantenerse sellado al público: es realmente muy privado, solo para ti y para Michael.

¡Qué profunda es mi alegría por ti!

Lily

"Deseo que nos acerque más"

Querida Julie:

Tienes razón al señalar que la misteriosa esfera del sexo no siempre da lo que parece prometer (por eso las personas inmaduras, que suelen equiparar el sexo con el paraíso, se desilusionan tan a menudo del sexo).

Por otra parte, sería imposible que amaras a Michael y no desearas esa unión con él. Y, sin embargo, dices que a veces el sexo os separa a ti y a Michael en lugar de uniros.

Dios mismo vinculó la unión sexual en el matrimonio a una experiencia profunda, extática, que es profundamente simbólica de la unión sublime que constituye el matrimonio. Hay varias razones, sin embargo, por las que el sexo puede llevar a veces a la decepción.

En primer lugar, hay que recordar constantemente que, en el ámbito sexual (como en tantos otros ámbitos), la alegría es un don, que no puede reclamarse como un derecho, ni siquiera esperarse en general. A veces, se nos da; otras, se nos escapa.

(Lo mismo ocurre con la gran música: hay días en que escuchar la Pasión de san Mateo de Bach me hace llorar. Otros días, mi respuesta es muy discreta. Sé que la música es igualmente bella en ambos casos, pero el cansancio, el nerviosismo o la preocupación me impiden a veces disfrutarla plenamente).

En esos momentos, se impone la paciencia, para que aprendamos siempre a acoger las experiencias profundas con gratitud, al tiempo que aceptamos con humildad nuestros aparentes fracasos.

También es posible que tú y Michael hayáis entrado en el misterioso jardín del sexo sin haberos puesto antes vuestras *vestiduras nupciales*, es decir, sin estar en esa actitud amorosa, recogida y, sin embargo, ardiente, que es la antífona deseable de esta gran experiencia.

Además, desde el pecado de Adán y Eva, el intenso placer de la relaciones sexuales ha conferido al sexo un poderoso atractivo en sí mismo, desvinculado de su verdadero significado como unión de amor entre los esposos, abierta a la procreación. Quizá el sentimiento de extrañeza que experimentas a veces proviene de que aíslas (por poco que sea) la experiencia extática de las relaciones sexuales de tu autodonación a Michael, despojando así a esta experiencia de su significado más profundo. Cuanto menos te preocupes por tus propias respuestas y más te concentres, en cambio, en Michael, mejor. (Irónicamente, este tipo de problemas pueden ser especialmente agudos en los primeros meses de matrimonio, cuando la intensidad recién experimentada del placer sexual puede abrumar a uno de los cónyuges o a ambos).

Por desgracia, incluso en el matrimonio, los cónyuges pueden utilizar al otro meramente para lograr su propia satisfacción sexual. Separado de esta manera de su verdadero significado y propósito, el sexo pierde su naturaleza dada por Dios como fuente de profundo gozo y se reduce meramente a la búsqueda egoísta de placer.

Algunas personas incluso argumentan que la autogratificación es el propósito esencial del sexo. Afortunadamente, están equivocados, ¡muy equivocados! Considerar la sexualidad como algo meramente biológico, como un instinto que busca satisfacción, es malinterpretarla por completo. Tal visión es lo contrario de la sublimidad de la unión sexual que se experimenta cuando ambos están animados por el amor, cuando buscan la intimidad sexual no por su placer, sino como una forma de manifestar el profundo amor que existe entre vosotros. En esos momentos, vuestro éxtasis sexual trasciende el placer corporal e incluye un gozo genuino que brota de la unión de vuestras almas deleitándose profundamente la una en la otra.

En tales casos, la sexualidad no sirve al placer, sino al amor (y este es el propósito que Dios le ha dado). Incluso la abstinencia de las relaciones sexuales puede servir al amor. Supongamos que uno de los dos está enfermo. Insistir en las relaciones sexuales os privaría a ambos de la dimensión más profunda de vuestra unión: la voluntad de haceros el bien mutuamente. En tales circunstancias, las relaciones sexuales no serían hacer el amor, sino romperlo.

Quien ha vivido una vida impúdica y luego se convierte, se enamora profundamente y se casa con la mujer que ama, descubre el sexo por primera vez. Llega a mirar con repugnancia su anterior actitud promiscua al darse cuenta con horror de que le ha privado de una de las experiencias más profundas que puede dar la vida humana: el amor tierno expresado a través de la autodonación corporal en la unión permanente del matrimonio.

Como ves, no tengo una visión puritana que juzgue el sexo como algo malo. Más bien sé que un aumento del amor verdadero entre tú y Michael elevará vuestras relaciones sexuales a sus alturas más sublimes. Porque la esencia de vuestro amor mutuo no reside, en absoluto, en el sexo, sino en vuestra constante preocupación por el bienestar y la felicidad temporal y eterna del otro, incluso si eso requiere una abstención temporal (o, en raras circunstancias, incluso permanente) de las relaciones sexuales.

El Evangelio dice: "Buscad primero el Reino de Dios y su justicia, y todas estas cosas se os añadirán"[52]. Del mismo modo, cuanto más consigáis Mi-

---

52　Mt 6, 33. En toda la obra, para las citas bíblicas, se ha utilizado la traducción de la *Sagrada Biblia de la Universidad de Navarra*.

chael y tú dar prioridad al amor, más hermosas serán vuestras relaciones íntimas. Esto se consigue mediante la entrega y el olvido de uno mismo.

Que tu principal preocupación sea Michael: su felicidad y su bienestar. En lugar de observarte, entrégate. Al hacerlo, encontrarás una profunda alegría.

Pero recuerda también ser paciente. La sexualidad es un ámbito turbulento, especialmente para los jóvenes. El amor encauzará estas aguas, pero como todas las cosas buenas, el amor lleva su tiempo.

Por favor, escríbeme pronto,

Lily

"Hace crujir los nudillos constantemente"

Querida Julie:

Tu irritación por el distraído chasquido de nudillos de Michael despierta mi simpatía. Es algo sin importancia que sería mejor ignorar, pero las cosas sin importancia a veces nos ponen de los nervios.

(Agradece que tus problemas sean pequeños: de esos que solo te ponen de los nervios pero no destrozan el amor. Has tenido la suerte de enamorarte de un hombre noble que también te quiere y vuestra unión no tiene ninguno de los graves problemas —como la brutalidad o la infidelidad— que afligen a demasiados matrimonios).

Aun así, incluso un buen matrimonio tiene sus problemas. Ahora que tienes el privilegio de compartir la vida íntima de Michael, viéndole día y noche, empiezas a ser consciente de muchos de sus rasgos extraños, por cómicos, torpes o irritantes que sean. Todos nosotros, cuando nos examinamos bajo el microscopio de la vida cotidiana, revelamos peculiaridades propias que a los demás les parecen extrañas o molestas.

Uno de mis conocidos tenía la costumbre de rascarse a menudo la cabeza. Una noche, su mujer nos comentó: "No sabía que me iba a casar con un simio". No era una forma muy cariñosa de referirse a su inocua costumbre.

Era poco amable por su parte ridiculizar a su marido (sobre todo delante de los demás) y era doblemente humillante porque esta herida se la infligía quien tenía la misión especial de cuidarle y protegerle.

Podría haber sido de otro modo. El matrimonio ofrece constantemente oportunidades que podemos utilizar a favor o en contra del amor. El hecho de que Michael se rompiera los nudillos es una de esas oportunidades. Cuando aíslas su hábito y le prestas mucha atención, equiparas mentalmente su personalidad con sus manierismos y empiezas a verle más como un objeto que como una persona.

Es un poco como fotografiar a alguien cuando bosteza. Durante esos pocos segundos, es cierto que tiene el aspecto que la foto representa; pero el bostezo real, que solo dura un abrir y cerrar de ojos, ha sido prolongado por la fotografía y, por tanto, deformado y caricaturizado.

Ver a alguien *desde fuera* es una falta de caridad; ver a quien se ama desde fuera es una especie de traición. No aislar expresiones o gestos aislados de la totalidad del otro pertenece al *pacto de amor* que prometiste a Michael (y que él te prometió a ti). Es una totalidad que has visto tan claramente en Michael porque, precisamente al amarle, él te la ha revelado.

Cuando suspendes tu visión Tabor de Michael y le miras desde fuera con la actitud crítica y desamorada de un extraño, la dulce intimidad que existía entre vosotros se rompe. Ya no estás concertando con él en el amor; estás conspirando contra él.

Por eso, una amante digna de ese nombre siempre se esfuerza por mirar más allá de los manierismos y ver a su amado desde dentro, con el trasfondo de su adorable personalidad. A través de la intuición del amor, ella capta a su amado en su profundidad.

Sé que tienes la firme intención de luchar contra la devastadora tendencia a ver a Michael desde fuera y de permanecer fiel a tu visión Tabor de él. Cuanto más lo consigas, más perderán los pequeños caprichos de Michael su carácter irritante e incluso te resultarán algo entrañables.

Con cariño,

Lily

"Ella no tenía derecho a hacer esas preguntas"

Querida Julie:

Aunque es cierto que estamos hechos para la comunión, también lo es que la cercanía entre las personas debe lograrse lentamente y por etapas, a medida que invitamos libremente a los demás a entrar en ese misterioso espacio espiritual que es únicamente nuestro.

Las preguntas indiscretas de Jean en la fiesta de Halloween intentaron entrar en tu espacio personal con demasiada rapidez. Como tanta gente hoy en día, te trató como si hubierais sido amigas íntimas durante años en lugar de meras conocidas de unas semanas.

Hoy en día, la gente hace esto constantemente. Los vendedores telefónicos me tutean a menudo como si tuviéramos una intimidad que realmente no tenemos.

No estoy siendo quisquillosa ni aferrándome irracionalmente a mis costumbres europeas; estoy convencida de que la felicidad humana depende en parte de reconocer este espacio que separa naturalmente a los individuos y de ejercer la discreción al atravesarlo.

Recuerda la evolución de tu amor por Michael. Aunque te sentiste atraída por él la noche en que os conocisteis, procediste con cautela para conocerle y dejaste que él te conociera. Primero le preguntaste por su trabajo y su pasado en St. Louis; luego hablasteis de su interés por el senderismo y de su trabajo como tutor de alumnos de cuarto curso. Solo poco a poco —por círculos concéntricos, por así decirlo—, con el paso de las semanas, fuiste yendo más allá de estas áreas *públicas* para llegar a conocer su verdadero yo: no lo que tiene o lo que hace, sino quién es.

Así es como debe hacerse, como se desarrolla una sinfonía: el tema se introduce, se descubre, se desarrolla y luego alcanza un *crescendo* que ha sido artísticamente preparado por los temas musicales precedentes. (¡Imagínate lo inquietante que sería si la música empezara con su clímax!). Al igual que los temas de una sinfonía, la amistad profunda necesita tiempo para crecer y madurar.

Lo mismo ocurre en la naturaleza: la semilla cae en la tierra y germina lentamente. Regada por la lluvia, surgen los primeros brotes tímidos, maduran bajo el beso del sol y, finalmente, dan flores y frutos. No respetar estas etapas naturales de crecimiento puede acabar con una amistad en crecimiento tan rápidamente como con una planta en crecimiento.

La fuerza de tu matrimonio con Michael se debe en parte a que ambos habéis respetado discretamente los ritmos de maduración de vuestro amor. No os habéis saltado etapas ni habéis intentado arrancar un fruto inmaduro.

Ya te habrás dado cuenta de que la discreción es una virtud tan importante que debe permanecer incluso en el matrimonio. Es cierto que ya has alcanzado tal cercanía con Michael que se te haría muy gracioso volver a vuestra reserva y formalidad anteriores. No obstante, seguís siendo dos individuos distintos y siempre habrá un espacio entre vosotros que habrá que atravesar, por pequeño que sea.

Tal vez las preguntas indiscretas de Jean te hayan hecho comprender la realidad de este espacio y puedan ayudarte ahora a entender mejor algunos de los puntos a los que me refería en mi última carta. La discreción en el matrimonio es particularmente importante en las relaciones sexuales entre los cónyuges. Como una bella sinfonía, no deben pasar directamente a un *crescendo*, sino ser la culminación de temas amorosamente preparados. El respeto cariñoso a las etapas del desarrollo hará mucho más bellos tus tiernos encuentros con Michael.

Con afecto,
Lily

"¡La intimidad física puede ser hermosamente espiritual!"

Querida Julie:

Una vez me entrevistó en la radio un hombre que afirmaba que los seres humanos son solo una forma superior de vida animal. Decía que no había diferencias esenciales entre nosotros y los animales. Yo no estaba de acuerdo y me retó a nombrar una esfera en la que los seres humanos y los animales fueran fundamentalmente diferentes. Sin dudarlo, dije: "la esfera sexual". Me miró con asombro y probablemente me consideró un poco rara.

Tenía razón: aunque los humanos y los animales tienen las mismas necesidades corporales —comida, bebida, sueño—, el hecho mismo de que los humanos tengamos alma cambia la situación radicalmente. Nuestro cuerpo es para nosotros el vehículo a través del cual podemos expresarnos, el instrumento que canta la música producida por nuestra alma. Podemos ver esta diferencia particularmente en la esfera sexual. ¡Qué diferencia hay entre la satisfacción bruta del instinto sexual en la mayoría de los animales y la autodonación amorosa, tierna y espiritualizada que tiene lugar en un matrimonio digno de ese nombre!

Mientras los cónyuges no comprendan el carácter esencialmente sublime de la sexualidad humana, seguirán perdiéndose la dulce plenitud que está destinada a dar.

Pero a medida que vuestro amor mutuo crezca y os revele más plenamente a ambos la profunda unidad de la persona humana —cuerpo y alma—, vuestra experiencia del carácter espiritual de la sexualidad humana se convertirá en una fuente de la más profunda alegría.

Os envío a los dos mis saludos más afectuosos,
Lily

"Me dolió mucho cuando me dijo eso"

Querida Julie:

Me has enseñado esa foto espantosa y desenfocada de tu anuario, así que puedo entender la respuesta de Michael: "¡Yo no me habría casado con esa chica!" Pero también comprendo tu dolor al oírselo decir.

Debido a tu cercanía con Michael, todo lo que dice o hace te afecta profundamente. Cuando soltó este comentario a la ligera, oíste una desagradable voz interior que te decía: "Si puede decir eso, ¿de verdad me quiere?". De repente, sus muchos testimonios de amor se borraron de tu conciencia. Te quedaste atascada en esas pocas palabras que, para tu mente, ponían en duda las afirmaciones de amor de Michael.

En cierto modo, me alegro mucho de que esto ocurriera al principio de tu matrimonio: te da la oportunidad de descubrir lo peligroso que es sacar las palabras de contexto —distanciadas de la hermosa historia de vuestro amor mutuo— y clavar a tu querido marido en sus palabras insistiendo: "No me importa cómo intentes explicarlo. Dijiste que no te habrías casado conmigo".

El comentario de Michael puede haber significado algo muy diferente. Sus palabras también podrían interpretarse como: "Esta foto del anuario es tan mala que no tiene nada que ver contigo. Me casé contigo, no con la caricatura que muestra esta foto".

(¿No te gusta que te digan sobre una mala fotografía que "no se parece a ti en nada"? Sería realmente humillante que alguien mirara una foto fea y dijera: "Es tan típico de ti; por favor, préstame el negativo para que pueda encargar una copia").

Como Michael podría haberte estado haciendo un cumplido, no deberías insistir en la interpretación negativa de su comentario de que "no se habría casado contigo".

Todos decimos cosas en broma o cosas que pretenden ser amables pero no salen bien. Podemos errar el tiro incluso con las mejores intenciones. Cuando Michael hace esto, es crucial leer sus comentarios con el trasfondo total de vuestra relación y no clavarle al significado literal de sus palabras, haciéndole responsable de su peor significado posible. Lo que dice san Pablo de que "el amor todo lo cree"[53] significa que, cuando se hacen comentarios tan ambiguos, debemos creer que lo que se quería decir era amoroso; es decir, para usar la terminología de mi marido, debemos dar a nuestro cónyuge

53 1 Cor 13, 7.

el crédito del amor. El amor siempre supone lo mejor del ser amado, siempre le concede el beneficio de la duda.

Así que intenta interpretar la afirmación de Michael de una forma más positiva, e incluso utilízala para acercaros más. En un buen momento, después de haber recuperado la paz, puedes decirle: "Sabes, el otro día me sentí dolida porque interpreté tu comentario como una señal de falta de amor, pero veo que esa interpretación era injustificada. Sé que me quieres y me alegro de que me quieras como soy ahora". Esta explicación sin duda le encantará.

Qué alegría aclarar malentendidos cuando se está enamorado y transformar una derrota en victoria. Verás que estas son las victorias verdaderas y duraderas.

A los dos os envío mi más sincero afecto,

Lily

"Nos alegramos
mucho de verte"

Querida Julie:

¡Qué agradecida estuve de disfrutar de la cena de Acción de Gracias contigo y con Michael mientras viajaba por Saint Louis! En la forma suave y cariñosa en que Michael y tú os mirabais, percibí la gran reverencia que os tenéis el uno al otro y pude ver cómo vuestro amor ha florecido a pesar de los pequeños obstáculos que ambos habéis encontrado.

Como te dije en el desayuno, incluso los buenos matrimonios son a veces difíciles y requieren mucha paciencia y tolerancia. El matrimonio empuja a los cónyuges a una relación tan íntima las veinticuatro horas del día que incluso en los mejores matrimonios surgen pequeñas irritaciones.

Creo, sin embargo, que una actitud moderna muy extendida agrava nuestras dificultades en el matrimonio y en todas nuestras demás relaciones: la falta de reverencia. No me refiero solo a la falta de reverencia hacia Dios. Me refiero también a la falta de reverencia hacia otras personas e incluso hacia las cosas: la incapacidad de reconocer la nobleza interior y el valor de las personas y de las cosas, que lleva a no tratarlas con el profundo y tierno respeto que se les debe.

En sus escritos, mi marido llamaba a la reverencia "la madre de todas las virtudes"[54] y subrayaba que la reverencia es la clave de una vida feliz y, desde luego, la clave de un matrimonio feliz. Solo la persona reverente adopta la actitud correcta hacia su esposa, sus hijos, otras personas y Dios.

La persona irreverente, por el contrario, se acerca a los demás con una actitud básicamente egocéntrica. Ve el mundo como un medio para su satisfacción personal: "¿Cómo pueden estas cosas satisfacer mis deseos?". Al hacerlo, se priva a sí mismo de las cosas más grandes y hermosas que puede ofrecer la vida humana, entre ellas la amistad y el amor, que son destruidos por la arrogancia que constituye el corazón de la falta de reverencia.

Uno de los síntomas más ominosos de nuestra época contemporánea es su falta de reverencia: por las personas, por la sexualidad, por el misterio de la vida, por la muerte y, por último, pero no por ello

---

54 Dietrich von Hildebrand desarrolla extensamente el papel fundamental de la reverencia en el primer capítulo de *The Art of Living*, donde la define como "la madre de toda vida moral" y la presenta como condición indispensable para captar el valor de las personas, de la creación y de Dios.
Dietrich von Hildebrand, *The Art of Living*, cap. 1, "Reverence" (Chicago: Franciscan Herald Press; Steubenville, OH: Hildebrand Project, 1965 [2017]).

menos importante, por Dios. La falta de reverencia está tan presente en la sociedad moderna que debemos estar siempre en guardia para no contagiarnos inconscientemente de ella.

Todos pecamos contra la dignidad de otras personas, a menudo de forma vergonzosa. Recuerdo a una esposa que trataba a su vajilla con un cuidado asombroso, mientras que habitualmente hablaba con dureza a su marido. Hay hombres que se dirigen a sus jefes con gran respeto, pero tratan a sus esposas sin ninguna reverencia. "La familiaridad engendra desprecio", dice el proverbio[55]. Por desgracia, contiene algo de verdad. Depende de nosotros falsearlo.

Es fácil estar irritable con el cónyuge, especialmente después de un día difícil en el trabajo, cuando los dos regresan a casa cansados y exasperados.

Aunque suele ser difícil, en tales circunstancias ambos deben permanecer continuamente conscientes de que su cónyuge es una persona hecha a imagen y semejanza de Dios, un ser de enorme dignidad, que debe ser respetado y amado. Continuad mostrando vuestra reverencia en el tono de vuestra

---

55 Proverbio también muy popular en español en versiones distintas. "La confianza da asco" o incluso esta forma que aparece ya en El Quijote "La mucha conversación que tengo contigo ha engendrado este menosprecio". Miguel de Cervantes Saavedra, *Don Quijote de la Mancha*, parte 1, cap. XX, en ed. de Francisco Rico (Barcelona: Crítica, 1998).

voz, en vuestras actitudes, en vuestros gestos, en la forma en que os tocáis.

La belleza de vuestro matrimonio con Michael depende en gran medida de la reverencia que os profeséis mutuamente. Cuanto más cerca estés de Michael, más debes temblar de reverencia. Personalmente, estoy convencido de que muchos matrimonios fracasan porque no hay reverencia entre los cónyuges. Ningún matrimonio puede sobrevivir a su existencia tempestuosa sin ella.

Nuestro encuentro de la semana pasada me convence de que ya entiendes mucho de ello. Si a veces fallas en este terreno, lo principal es reconocer tus fallos, pedir perdón y volver a empezar con ánimos renovados. Sería una alegría tener noticias tuyas y saber que eres feliz.

Con cariño,

Lily

"¡Qué charla tan conmovedora tuvimos Michael y yo!"

Querida Julie:

Cuánto me alegra saber que Michael y tú tuvisteis un encuentro de corazón a corazón[56] poco después de mi partida y que, desde entonces, vuestro matrimonio ha adquirido un nuevo brillo.

Michael te reveló heridas que recibió de niño, pero no tienes que disculparte por no darme detalles sobre ellas. (Su comentario fue suficiente: "Ver las heridas de otra persona es una llamada a quererla más"). Los detalles deben permanecer en secreto entre los dos. Las confidencias muy íntimas quedarían desacralizadas si se compartieran con otras personas. De todos modos, mi papel debe seguir siendo modesto en comparación con tu unión con Michael. Creo que te darás cuenta de que cuanto más unidos estéis, menos necesitaréis la ayuda de

---

56 En el original "de alma a alma". Más común en español, "de corazón a corazón", y que no pierde el sentido profundo del encuentro personal.

los demás. Juntos podréis resolver las dificultades que surjan en vuestro matrimonio.

Me parece que el hecho de sellar herméticamente dentro de nuestra alma los secretos que el otro ha compartido con nosotros forma parte del pacto de amor, tanto más cuando esta autorrevelación tiene lugar entre dos que se aman profundamente.

Es cierto que nadie puede medir las heridas que los cónyuges pueden infligirse mutuamente en la intimidad del matrimonio. Pero también es cierto que nadie puede medir la increíble alegría y la paz que se conceden mutuamente en un matrimonio basado en la confianza total y la plena intimidad.

Por eso debo recordarte una vez más que el matrimonio, como todas las grandes cosas de la vida, es un riesgo, una osadía. (Recordarás que Platón decía que "lo que vale la pena nunca es fácil"[57]).

Pensemos en la alternativa: un matrimonio sin confianza, en el que los cónyuges comparten la cama y las cuentas bancarias, pero no su yo más íntimo. Sus cuerpos están unidos, pero no sus almas.

---

57 Cfr. *República* II, 364b–c, donde Sócrates cita a Hesíodo (*Trabajos y días*, vv. 287-292): "[...] la maldad [tiene] fácil acceso, de modo que también en abundancia se puede alcanzar a la perversidad fácilmente; el camino es liso y ella mora muy cerca. Frente a la excelencia, en cambio, los dioses han impuesto el sudor, y un camino largo y escarpado" (trad. Conrado Eggers Lan, en *Diálogos IV: República* [Madrid: Gredos, 1988], p. 14).

Incluso en el acto más íntimo de todos, permanecen aislados en sí mismos. ¡Qué horror de soledad!

Así que guarda bien la confianza que Michael ha depositado en ti. Que tu reverencia hacia él te lleve a no revelar nunca sus secretos a otro y, sobre todo, a no utilizarlos nunca contra él, ni siquiera en momentos de ira.

Una vez más, déjame decirte lo feliz que estoy de que se esté desarrollando una profunda comunión entre tú y Michael. Cuanto más os dejéis refinar por el amor, más perfecto será vuestro matrimonio.

Con alegría,

Lily

"Él ha terminado de comer antes de que yo me haya sentado"

Querida Julie:

Durante mi visita, me di cuenta de lo rápido que Michael come y puedo entender tu irritación cuando te deja terminar tu comida sola. Tendrás que transmitirle cualquiera de las siguientes observaciones que creas que pueden ser útiles (y puede que lo sean, ya que en mi matrimonio tuve el mismo problema).

Nunca pude competir con mi marido cuando iba armada de tenedor y cuchillo. Como él era muy sano y tenía un agudo sentido de la bondad de la comida (que siempre vio como un regalo de Dios), siempre me llevaba la delantera. Al parecer, C.S. Lewis tenía el mismo rasgo: irritaba regularmente a sus anfitrionas porque la comida de su plato desaparecía antes de que ellas tuvieran oportunidad de empezar a comer[58].

---

58 No se ha localizado esta anécdota en la autobiografía de C. S. Lewis (*Cautivado por la Alegría*), en biografías de referencia (p. ej., George Sayer, *Jack: A Life of C. S. Lewis*) ni

Que algunas personas tengan un apetito voraz es algo que no pueden evitar; otros comemos como pájaros. En sí misma, esta diferencia es bastante inofensiva. Pero en el matrimonio, todo es importante porque los cónyuges son uno. Cosas que en otras circunstancias serían moralmente irrelevantes, se convierten en moralmente relevantes.

¿Qué puedes hacer para que Michael no engulla su comida? Recuerda que Michael tiene una constitución poderosa mientras que tú eres como un junco. No puedes esperar que se convierta en un comedor delicado solo porque resulta que está casado con una mujer cuyo apetito es pequeño.

Yo intentaría explicarle que disfrutar juntos de una cena sin prisas aumentará su deleite. Pero si no puede aprender a comer más despacio, no se lo reprocharía. Al contrario, me alegraría de su sana vitalidad y, desde luego, no le pediría que aplastara su apetito.

En el matrimonio, la sincronización siempre es más bella que cada uno por su cuenta. De hecho, una de las principales fuentes de fricción en el matri-

---

en recopilaciones epistolares. La coincidencia más cercana se encuentra en *Cartas del diablo a su sobrino* (carta XVII), donde se describe en clave satírica a una anciana "pesadilla para las anfitrionas" por su extrema quisquillosidad con la comida. No se trata de un hecho autobiográfico, por lo que la procedencia de la atribución resulta incierta. Cfr. C. S. Lewis, *Cartas del diablo a su sobrino*, trad. Luis Echávarri (Madrid: Rialp, 2004).

monio proviene de la falta de sincronización, no provocada por la mala voluntad, sino por las muchas diferencias naturales que existen entre hombres y mujeres y por las diferencias de temperamento.

La felicidad en el matrimonio depende en parte de que reconozcáis esas diferencias para que podáis hacer concesiones el uno al otro. Siempre es posible que una persona rápida vaya más despacio, pero no siempre es posible que la más lenta vaya más deprisa. Como mi marido tenía una constitución física mucho más vigorosa que la mía, intentó adaptarse a mí (aunque no siempre lo consiguió).

Este tipo de gentileza es uno de los principales elementos de la caballerosidad, esa manifestación de amor que hoy parece casi extinguida. La caballerosidad se basa en el principio de que la persona más fuerte, más rápida y más sana debe frenar suavemente sus energías en aras de ayudar al más débil. Piensa en lo despacio que tienen que caminar las madres con sus hijos pequeños, ¡y con qué cariño lo hacen!

Del mismo modo, con la práctica, Michael y tú podéis aprender a sincronizar amorosamente vuestras diferentes capacidades, necesidades y temperamentos para formar una verdadera unión de amor duradero y complementario. No solo vuestras cenas serán más agradables, sino que vuestra vida juntos será mucho más feliz.

Con afecto,

Lily

"Llegó a casa de mal humor"

Querida Julie:

Sí, comprendo perfectamente lo que es preparar una buena cena para tu marido y recibir a cambio solo una cara larga y palabras afiladas. Demasiado pronto surgen las preguntas dolorosas: ¿Es este el mismo hombre que antes era tan cariñoso, tan atento, tan agradecido? ¿Así va a ser la vida de casada?

Con suerte te has mordido la lengua y te has abstenido de reprender a Michael en ese momento, pero es probable que haya leído la decepción en tu cara.

Para minimizar las dificultades en situaciones que no has provocado ni elegido, intenta preguntarte: "¿Cuál es el tema que ofrece ahora el amor?". Por tema entiendo aquella preocupación a la que debes prestar atención en un momento determinado. El tema cuando estoy en la iglesia es adorar a Dios; el tema cuando tomo una clase es aprender; el tema cuando estoy con una persona amada es concentrarme en ella, escucharla, ser receptivo a ella.

Por desgracia, no solo suele ser difícil identificar el tema de una situación, sino que los temas pueden cambiar rápidamente según las circunstancias. Además, los humanos tendemos a ser muy rígidos y testarudos, negándonos a abandonar el tema que tenemos en mente incluso cuando las circunstancias han hecho que ya no sea apropiado. El verdadero amante, sin embargo, aprende a percibir el tema de una situación determinada y a actuar en consecuencia.

¿Cuál es el tema cuando Michael llega a casa de tan mal humor? Evidentemente, no se trata de compadecerte y arremeter contra él. El tema es intentar remediar la situación.

Está claro que Michael, acosado por un día duro en el trabajo, fue incapaz de recuperar la compostura mientras conducía a casa en hora punta. Como mínimo, no estaba en su mejor momento. (Seguro que has oído el refrán: "Los mediocres siempre están en su mejor momento"[59]. Y ambos sabemos que Michael no es mediocre).

Probablemente, Michael llegó a casa deseando que le consolaras, pero como ya estaba disgustado, le costó reconocer simplemente que estaba necesitado. Por alguna razón, a muchas personas les cuesta admitir que son débiles o que necesitan consuelo. En cambio, tienden a refunfuñar, esperando que la dulce intuición de sus seres queridos capte

---

59 Sentencia atribuida habitualmente a W. Somerset Maugham.

que necesitan afecto, aunque actúen como si eso fuera lo último que desean. Si eres consciente de que las personas a veces actúan así, entenderás por qué responder al mal humor de Michael con palabras cortantes solo causará más problemas.

Al principio, yo intentaría suavemente desviar su atención con una palabra cariñosa o alguna noticia interesante. De ese modo, niegas oxígeno a un incendio incipiente: al final se apagará. Llamar la atención sobre la agitación interior de Michael ("¿Te gustaría que te recibiera en la puerta un gruñón?") solo echa gasolina al fuego.

Más tarde, cuando esté más recogido, podrías preguntarle por su día y discutir con él los asuntos que aún le irritan. Ten en cuenta lo peligroso que es en los malos momentos pensar en uno mismo: "He tenido un día tan duro como Michael y, sin embargo, le he saludado cariñosamente. No descargo mis problemas con él". Aunque esto puede ser cierto, no es el tema.

Como he dicho antes, los que son sabios intentan reconocer el tema y adaptarse a él: "Resulta que me encuentro en esta situación concreta; ¿qué se espera que haga ahora?".

Cuántas discusiones desafortunadas surgen entre marido y mujer porque no reconocen el tema del momento. El simple sentido común nos dice, por ejemplo, que no es prudente discutir problemas espinosos con el estómago vacío, en momentos de gran fatiga o cuando se está malhumorado.

Sé que tanto tú como Michael os estáis esforzando por haceros más sabios. Aprender a discernir el tema de cada situación —si es oportuno enfrentarse o consolarse mutuamente— os aportará esa alegre sabiduría que es fruto del amor.

Afectuosamente,

Lily

"Somos muy alegres juntos"

Querida Julie:

La noticia de que Michael y tú os habéis reído mucho juntos me hace muy feliz. Qué delicia entablar conversaciones ingeniosas con un ser querido. Paradójicamente, la propia gravedad de vuestro compromiso mutuo hace posible la verdadera alegría y jovialidad: como Michael y tú os amáis profundamente, podéis bajar la guardia, despreocuparos y reír y deleitaros al abrigo de vuestro mutuo compromiso amoroso.

Pero aquí hay un peligro que puede que aún no hayas visto. Lo menciono porque, por mucho que me alegre de que a los dos os guste el humor y podáis reíros juntos con tanto entusiasmo, vuestra risa debe permanecer siempre en contacto vivo con vuestras profundidades espirituales. El nivel superficial de tu alma es ideal para bromas y charlas ligeras; pero solo en las profundidades del alma pueden tener lugar encuentros serios y válidos entre tú y Michael.

En otras palabras, las raíces de tu matrimonio son más profundas que el regocijo amoroso. Al casarte con Michael, entraste en una profunda relación espiritual con él; abandonaste cualquier deseo de simplemente encantarle o impresionarle y comenzaste un encuentro en las profundidades de vuestras dos almas. Espiritualmente, elegisteis quedaros desnudos el uno ante el otro como dos personas solemnemente dedicadas a amarse y servirse mutuamente hasta que la muerte os separe.

Como resultado, Julie, te estás volviendo receptiva, deseosa de escuchar y de amar tanto la verdad como la belleza. En tus profundidades, estás creciendo verdaderamente tú misma, revelando tu yo interior a tu amado y dejando que él renueve y profundice su amor por ti.

Cuando Michael y tú os divirtáis juntos —como debería ser a menudo—, puede que estas profundidades de vuestras almas no sean por el momento el tema, pero nunca deben olvidarse ni repudiarse. Cuando olvidáis la profundidad de vuestro amor mutuo, vuestro humor inocente puede degenerar fácilmente en algo bastante negativo: una broma que tiene un tono sarcástico o un contenido cínico que puede herir profundamente.

Este humor corrosivo no es auténtica alegría. Al contrario, es un tipo de humor que surge de una peligrosa superficialidad del alma en la que cedemos a nuestros estados de ánimo y actuamos por el momento como espectadores divertidos que observan el *zoo* del mundo, incluido nuestro cónyuge. Evitamos el esfuerzo, la concentración y la responsabilidad y decimos con demasiada facilidad cosas que no queremos decir. Esos momentos son caldo de cultivo para graves desavenencias. (Seguro que has visto fiestas que empezaron en tono bajo pero se convirtieron en vociferantes algarabías y acabaron en discusiones). Incluso las bromas constantes pueden sacarnos de nuestras profundidades y, una vez que eso ocurre, es una lucha larga y difícil volver atrás.

Hay cierta ley de la gravedad en juego y debemos ser conscientes de ella. El secreto es no dejar nunca que nuestras bromas se alejen de nuestras profundidades espirituales. (Siempre me ha sorprendido la facilidad con la que las personas santas pueden pasar de la recreación a la oración).

No pretendo que el matrimonio sea siempre serio y solemne (aunque sin duda lo sea). El verdadero amor admite mucho buen humor y alegría. Solo te sugiero que tengas cuidado de que tu humor no degenere en algo cínico o poco cariñoso. El humor auténtico siempre alegra el alma y aviva el amor.

Con amor,
Lily

"A veces sus burlas duelen"

Querida Julie:

Después de enviar mi carta esta mañana, me di cuenta de que estaba incompleta. Sin duda es cierto que cuando descubres que tu alegría se convierte en humor corrosivo, debes retirarte y pedirle a Michael que también lo haga.

Pero a veces no lo conseguimos, sobre todo cuando se ha llegado a cierto punto y se ha roto nuestra paz interior. (Ojalá tuviera siempre tal control sobre mí mismo que mi humor no hiriera a los que me rodean o que sus bromas no me hirieran a mí. Por desgracia, somos criaturas débiles y constantemente hago y sufro cosas que en realidad no quiero).

Cuando los que me rodean están de un humor peligroso y superficial y no pueden liberarse de él, me resulta útil mentalmente ponerme un escudo protector para que lo que se diga no me afecte. Así puedo seguir dándoles crédito de que realmente no quieren decir lo que dicen (lo que suele demostrarse cierto una vez que vuelven a las profundidades y —al darse cuenta de la dureza de sus palabras— se disculpan por ellas).

A veces el amor requiere que digamos (o más bien que pensemos): "Te conozco y confío en que lo que estás diciendo y haciendo ahora no es el verdadero tú al que amo. Así que por un tiempo elijo estar ciego y sordo, hasta que tenga la alegría de volver a ver el rostro que conozco tan bien y amo tan profundamente". Es una acción de amor en esos momentos llevar una armadura para que las flechas de tu amado (que no está siendo en absoluto su verdadero yo) reboten y no te hieran.

Estoy segura de que lo entiendes y espero que también seas capaz de practicarlo. Nuestras percepciones carecen de valor cuando no están relacionadas con nuestra propia vida.

Con cariño,

Lily

"Lo pasamos muy bien en el concierto de Navidad"

Querida Julie:

Me ha encantado saber que habéis empezado a ir a conciertos juntos y que, en particular, os ha encantado el Mesías de Haendel.

¡Qué mundo nos abre la música! Cuando me he sentido profundamente atenazada por las emociones, a menudo he tenido que decir: "Es que no puedo expresarlo con palabras". La música canta lo que nuestras palabras querrían decir, pero no pueden.

Vuestro amor compartido por la música hermosa es sin duda una de las grandes bendiciones de vuestro matrimonio. Fue un don que también se me concedió a mí, de un modo extraordinario, porque mi marido y yo teníamos exactamente el mismo amor por la música, la naturaleza y el arte y respondíamos del mismo modo ante la belleza.

Compartir una experiencia con otra persona profundiza la calidad de la experiencia. Lo siento amargamente ahora que estoy sola. A veces, es casi insoportable escuchar una de nuestras queridas piezas musicales y no poder coger la mano de mi marido y mirarle a los ojos.

Así que entiendo tu alegría: compartir una experiencia es mucho más enriquecedor y placentero que simplemente estar en la misma habitación con otra persona que casualmente está realizando la misma actividad que tú, pero que no está compartiendo conscientemente la experiencia contigo.

Si otra persona mira el mismo cuadro que yo en un museo, no lo compartimos porque no tenemos la intención de vivir la experiencia juntos. El hecho de que estemos allí al mismo tiempo no es deliberado. Es muy distinto cuando Michael y tú decidís mirar juntos un objeto. Entonces se forma un triángulo: el objeto y vosotros dos mirándolo juntos. (Quizá Dios te conceda la bendición de tener un hijo. Si es así, experimentarás el compartir de un modo especialmente profundo cuando tú y Michael os inclinéis sobre la cuna y miréis juntos a vuestro hijo).

Desgraciadamente, muy pocas personas han compartido alguna vez experiencias con otra persona, plenamente conscientes de estar viviendo juntos la misma experiencia, deleitándose tanto en el objeto como en el hecho de que otra persona se esté deleitando en él con ellos.

Muchos cónyuges viven juntos en la misma casa y comen en la misma mesa, pero han perdido la experiencia vivida de compartir verdaderamente sus vidas y sus almas el uno con el otro. Lo más trágico de todo es que algunos han perdido la esperanza de que esto sea posible.

Su soledad debe de ser incomprensible.

Te animo, pues, a alimentar el hermoso sentido de comunión que tienes con Michael. ¡Qué mejor manera de hacerlo que con buena música! Platón tenía razón: en su encuentro con la belleza, al alma humana le crecen alas[60].

Os tendré a los dos profundamente presentes en mis oraciones durante este santo tiempo de Navidad.

Lily

---

60 La imagen procede del *Fedro* de Platón, donde Sócrates explica que, al contemplar la belleza, el alma humana recuerda la visión de las Formas y "le brotan alas", lo que la impulsa a elevarse hacia lo divino. El pasaje figura en *Fedro* 249d: "y, recordando la verdad, le salen las alas y, así alado, le entra deseos de alzar el vuelo..." (trad. E. Lledó Íñigo, en *Diálogos III: Fedón, Banquete, Fedro* [Madrid: Gredos, 1988], p. 352).

"¡Todas estas tareas domésticas sin sentido!"

Querida Julie:

Sí, puedo entender por qué mi carta te levantó el ánimo al enfrentarte a una montaña de tareas domésticas después de las fiestas. También comprendo que, en esas circunstancias, *La mística de la feminidad* de Betty Friedan[61] pueda parecer más atractiva de lo habitual, especialmente su afirmación

---

61 La "mística de la feminidad" es un concepto popularizado por la feminista Betty Friedan en su libro homónimo (1963), en el cual describía el modelo de mujer que, según ella, oprimía a las amas de casa estadounidenses en los años cincuenta: esposas y madres dedicadas exclusivamente al hogar, sin otra dedicación que procurar el bienestar del marido y los hijos. Friedan retrataba ese ideal como una prisión suave que anulaba la identidad femenina, denunciando lo que llamó "el problema sin nombre": una profunda insatisfacción existencial. A diferencia de Simone de Beauvoir, su lenguaje era directo y su tono biográfico, lo que hizo de su obra una chispa divulgativa de la revolución sexual. Pero al presentar el matrimonio y la maternidad como causas del malestar de la mujer, sentó las bases de una antropología distorsionada, donde la liberación feme-

de que las mujeres se aburren mortalmente haciendo las tareas domésticas y cuidando de los niños en lugar de trabajar en el mundo. (Imagino que Michael también se aburre un poco arreglando cosas en casa o ayudándote con las tareas domésticas).

Para ambos, una cosa es cierta: si el amor deja de ser el espíritu que anima las actividades del hogar, estas se vuelven irremediablemente aburridas. Pero lo mismo ocurre con todo lo demás. Escribir a máquina por un sueldo es aburrido; lo soportas en la oficina solo porque necesitas el dinero. Pero, como todas las cosas aburridas, puede transformarse si se hace por amor.

¡Si supieras qué privilegio era para mí mecanografiar los manuscritos de los libros de mi marido! Él, por su parte, cocinaba a menudo nuestras comidas, en parte porque era un gran cocinero en lo que se refiere a comida italiana y yo era (y he seguido siendo) una cocinera muy mediocre. Pero mientras mi marido cocinaba, yo ayudaba en la cocina. Funcionaba de maravilla y nuestra colaboración transformaba en alegría hasta las tareas más tediosas.

Para que tu matrimonio sea realmente feliz (y un matrimonio de éxito es siempre un matrimonio feliz), todo —absolutamente todo lo que hagáis tú y Michael— debe estar motivado por el amor y relacionado con el gran propósito humano de vuestra

nina se planteaba en ruptura con el amor esponsal, la fecundidad y el don de sí.

vida —vuestro matrimonio mutuo—, incluso cuando este amor no se sienta.

Es tan fácil para nosotros olvidar que nada es pequeño para alguien que ama. Nuestra propia mediocridad puede hacer que las cosas sean pequeñas; pero si estamos animados por el amor, incluso nuestras pequeñas acciones se engrandecen con el significado.

Así que cuando te enfrentes a tus tareas diarias, no suspires por su insignificancia ni te quejes por el tiempo que te absorben. Considéralas pequeñas obras de amor. Las pequeñas obras en la cocina hechas por amor tienen más valor que una brillante fusión en Wall Street llevada a cabo por codicia.

Después de todo, ¿qué es nuestra existencia en esta tierra? Una serie de pequeñas acciones y actividades. Pocos son los que dedican su vida a grandes cosas (sea lo que sea lo que se entienda por *grandes*). La mayoría de nosotros debemos trabajar con el sudor de nuestra frente, plantando, sembrando, trillando, limpiando y reparando... hasta que morimos.

Esto es ineludible, pero no es motivo de desaliento, pues el arte de vivir consiste en encontrar el sentido de esas pequeñas tareas relacionándolas con el amor. Este es el secreto del matrimonio (y de la santidad).

Ya sabéis la gran afición que tengo por las alfombras orientales: sus dibujos, sus colores y sus diseños me fascinan. Siempre me ha sorprendido que estas obras maestras de la creatividad estén hechas en realidad de pequeños trozos de lana, combinados con cariño.

Si alguien me regalara muchos trocitos de lana, lo más probable es que los tirara a la papelera. ¿Qué puedo hacer con unos pocos gramos de lana? Pero un tejedor de alfombras piensa de otra manera. Sabe las maravillas que podemos conseguir utilizando las cosas pequeñas con arte y cariño.

Como el tejedor de alfombras orientales, la buena esposa debe ser una artista del amor. Debe recordar su misión y no desperdiciar nunca las pequeñas acciones que llenan su día, los preciosos trozos de lana que se le han dado para tejer el majestuoso tapiz del amor conyugal.

Estoy seguro de que el vuestro será muy hermoso.

Con afecto,

Lily

"¡Realmente soy feliz sirviéndole!"

Querida Julie:

Uno de los grandes errores de nuestro tiempo es la idea de que el servicio es degradante. ¡Qué error tan catastrófico! El servicio no pone en peligro la absoluta igualdad metafísica de los seres humanos: el hombre y la mujer están llamados a menudo a tocar instrumentos diferentes en la gran sinfonía de la vida.

Todas las personas, hombres o mujeres, tienen la misma naturaleza humana e igual dignidad. Todas están hechos a imagen y semejanza de Dios; todas tienen una mente, un libre albedrío y un corazón capaz de amar. Todas tienen un alma inmortal y están destinadas a disfrutar de Dios para siempre en la eternidad[62].

---

62 Cfr. *Catecismo de la Iglesia Católica*, nn. 1702-1703: la imagen divina está presente en todo ser humano; la persona, dotada de alma espiritual e inmortal, es la única criatura en la tierra querida por Dios por sí misma y está destinada, desde su concepción, a la bienaventuranza eterna. (*Cate-*

Por desgracia, la igual dignidad de las personas se interpreta a menudo erróneamente como identidad, es decir, la gente piensa que significa que "todas las personas son iguales en todo". Pero la igualdad de dignidad no es obviamente lo mismo que la igualdad de talentos o de capacidad física. Imagínense a las mujeres compitiendo con los hombres en la lucha libre o en el ring. Los hombres corren más rápido, nadan más rápido y son físicamente más fuertes. (Por eso Chesterton afirmaba que "no hay nada que conduzca con tanta certeza a la desigualdad como la identidad"[63]).

La igualdad de dignidad tampoco significa que sea degradante para una persona servir a otra. Al contrario, como dijo Platón, "Un hombre debe enorgullecerse más de servir bien que de mandar bien"[64]. El cristianismo va aún más lejos al afirmar

cismo de la Iglesia Católica, 2.ª ed. [Vaticano / Madrid: Librería Editrice Vaticana / Conferencia Episcopal Española, 1997]).

63 La autora reformula libremente dos afirmaciones consecutivas de G. K. Chesterton en *Charles Dickens: A Critical Study* (Nueva York: Dodd, Mead & Company, 1909), cap. XIII, "The Great Dickens Characters", p. 254. Traducción literal: "Dondequiera que no haya elemento de variedad, donde todos los elementos tengan literalmente un objetivo idéntico, hay de inmediato y necesariamente desigualdad... Así como la competencia significa siempre semejanza, es igualmente cierto que la semejanza siempre significa desigualdad."

64 Cfr. *Leyes* VI, 760b–c: "[...] que todo hombre se enorgullezca más de servir bien que de mandar bien" (trad. de

que la esencia de la grandeza reside en el servicio: "quien quiera llegar a ser grande entre vosotros, que sea vuestro servidor"[65]. Afirma que Cristo, nuestro Rey, no vino para ser servido, sino para servir. Meditar sobre este hecho te ayudará a luchar contra la tentación de ver las tareas domésticas como un servicio degradante y a Michael como un capataz que se beneficia de tu sumisión. (Recuerda también que Michael te sirve tanto con su trabajo fuera de casa como compartiendo las tareas domésticas).

Estos pensamientos podrían ayudaros a ambos a ver vuestro trabajo en casa y en la oficina como un noble servicio, en lugar de como una interminable ronda de pequeñas tareas sin sentido.

Estar obligado a servir sería degradante (aunque quien obliga a otros a servir, se degrada a sí mismo mucho más que a sus sirvientes). Pero elegir libremente servir a los demás es un signo de amor y el triunfo de la libertad sobre el orgullo mezquino.

Piensa en la madre que cuida con tanto amor a su hijo, noche y día. ¿Es una esclava, degradada por su servicio? ¿O es, despreocupada de su propia comodidad, un modelo de amor sublime que se alegra por su difícil servicio? Como la madre que cuida desinteresadamente de su hijo, la persona que ama encuentra alegría en servir a su amado.

Francisco Lisi, en *Diálogos*, vol. VIII [Madrid: Gredos, 1999], p. 458).
65 Mc 10, 43.

Espero con impaciencia vuestras noticias, mientras cada uno de vosotros, según su vocación particular, recorre el dulce camino del servicio amoroso,
Lily

"¿Quién debe barrer el suelo?"

Querida Julie:

Acepto tu argumento de que generalmente asumo que las esposas harán las tareas domésticas y que los maridos trabajarán fuera de casa. Mi suposición no proviene de ningún prejuicio particular por mi parte. Es simplemente un intento de abordar las cosas tal como las veo: la mayoría de los maridos y las mujeres viven así.

Como he dicho antes, en este asunto como en tantos otros, creo que hay que intentar discernir el tema de la situación. Michael y tú debéis determinar por vosotros mismos la mejor división del trabajo según vuestros talentos, temperamentos y circunstancias particulares. Hay maridos que cocinan; hay maridos que cuidan del bebé durante la noche; hay esposas que se ocupan de las cuentas y pagan las facturas. Solo vosotros dos podéis descubrir qué os funciona mejor.

Aun así, surgirán nuevas circunstancias en las que tendréis que cambiar los papeles. Si Michael cae enfermo, puede que tengas que trabajar para mantener a la familia.

Más importante que los papeles que elijáis es vuestra mutua disposición a adaptaros a las circunstancias (según el tema que se os ponga delante). Para ayudar a su amada, un amante se adapta a las nuevas situaciones. Solo en los matrimonios muy imperfectos (y, por tanto, muy infelices) surgen problemas por los cambios en los papeles de marido y mujer.

Por favor, escríbeme pronto.

Lily

"Yo quiero un lavavajillas; él, un equipo de música"

Querida Julie:

A decir verdad, esperaba esto desde hace tiempo y me sorprende que no haya sido un problema antes. ¿Has oído hablar del rey avaricioso que murió de hambre porque poseía enormes cantidades de oro, pero no tenía nada de comida? Parece haber una cierta mística en torno al dinero, que va mucho más allá de su función como medio para adquirir otras cosas. ¿Es porque el dinero significa seguridad (o da la ilusión de seguridad)? ¿Es porque abre la puerta a todo tipo de placeres? ¿Porque da poder?

Sea cual sea la causa de la atracción que ejerce el dinero, tu discusión con Michael es típica. Tú quieres utilizar la devolución del impuesto sobre la renta para facilitar el trabajo en casa comprando un lavavajillas y una tostadora nueva. Michael prefiere gastarlo en un equipo de música, restaurantes elegantes y vinos caros. "Después de todo", dice, "tenemos derecho a disfrutar del fruto de nuestro duro trabajo".

Que tú y Michael tengáis deseos diferentes es absolutamente normal. Estoy convencida de que los hombres suelen buscar más el placer que las mujeres (aunque cuando las mujeres son adictas al placer, a menudo ganan la partida a los hombres). Y creo que, debido a su sentido de lo concreto, las mujeres suelen preocuparse más por las cosas que duran. Como bromeaba Chesterton: "Una duquesa puede arruinar a un duque por un collar de diamantes; pero ahí está el collar. Un costero puede arruinar a su mujer por una jarra de cerveza; ¿y dónde está la cerveza?"[66].

Independientemente de en qué categorías estéis Michael y tú, la pregunta para ambos es: "¿Quién va a ganar?". En este caso concreto, podrías intentar apelar a la caballerosidad de Michael y explicarle que, debido a vuestras apretadas agendas, hay que dar prioridad a un lavavajillas (por poco poético que sea), aunque no merezca compararse con un equipo de música que puede proporcionar un agudo disfrute artístico. Este planteamiento consigue dos cosas: reconoce la legitimidad del deseo de Michael (lo que le complacerá) y, con un poco de suerte, le convencerá para que compre el lavavajillas (lo que sería muy útil para ti).

En este caso, pueden darse razones adecuadas para resolver la disputa a favor del lavavajillas. Pero hay otros casos en los que las razones de ambas

66 G. K. Chesterton, *What's Wrong with the World* (London / New York / Toronto / Melbourne: Cassell and Company, Limited, 1910), p. 140.

partes son igual de sólidas. Estos desacuerdos son más difíciles de resolver, ya que cada uno de vosotros pensará que su caso debe llevarse la palma.

Para evitar que estas disputas se os vayan de las manos, Michael y tú podéis intentar establecer unas normas básicas para resolver futuras disputas.

Una de las más importantes, según he visto, es que las discusiones no deben tener lugar en un momento inoportuno, cuando uno de los dos esté cansado, presionado o tenga prisa. Es importante elegir un momento favorable, cuando ambos estéis en un estado de ánimo cariñoso y recogido. A continuación, discutid tranquilamente los pros y los contras de vuestras opiniones divergentes, tratando seriamente de entenderos. No empecéis como dos duelistas cuyo único objetivo es ganar.

Creo que te sorprenderá lo rápido que se resolverán los desacuerdos si esperas a discutirlos de este modo en circunstancias favorables. En muchos casos, ambos podréis llegar a un acuerdo o uno de los dos podrá ceder con el entendimiento de que la próxima vez, el otro cederá.

Especialmente cuando los argumentos de cada parte tienen el mismo peso y no hay una manera fácil de resolver la cuestión basándose solo en las pruebas, ten en cuenta que la persona que cede por amor es siempre la mejor. Esto suena paradójico, ya que el vencedor suele considerarse el más fuerte.

Pero hay dos formas de perder. Una es por debilidad: la otra persona tiene una voluntad más poderosa y te obliga a ceder. El otro tipo de *perder* es, de hecho, una tremenda victoria. Piensa en la madre que da a su hijo la mejor ración de comida porque le quiere. Imagina al marido o a la mujer que cede, no por debilidad, sino por amor. Este cónyuge es, con mucho, el más fuerte, porque ha logrado la más difícil de todas las victorias: vencer su propia voluntad.

El que ama de verdad, desea hacer el bien a su amado. El que quiere *tirar la manta entera hacia su lado* y se preocupa muy poco por la otra persona, es un amante lamentable.

Esto significará a veces negarse a sí mismo en aras de un bien mayor. Como escribió una vez el Cardenal Newman, "No se encuentran dos personas, por muy íntimas que sean, por muy afines que sean en gustos y juicios, por muy deseosas que estén de tener un solo corazón y una sola alma, que no deban negarse a sí mismas... mucho de lo que les gusta o disgusta, si quieren vivir juntas felizmente"[67]. El dinero y la mayoría de las otras cosas por las que se puede pelear son cosas muy insignificantes comparadas con el amor. ¿No es una locura poner en peligro el precioso don del matrimonio por desacuerdos tan secundarios?

Estoy segura de que a estas alturas tu querido Michael y tú habéis llegado a una solución amorosa y habéis descubierto que ceder puede ser una señal

---

67 John Henry Newman, *The Idea of a University: Defined and Illustrated* (London: Basil Montagu Pickering, 1873), p. 22.

de gran fortaleza y que, lo que es más importante, ceder es a menudo un acto de amor. Con todas
mis oraciones para ti y Michael mientras se acerca
la santa fiesta de Pascua, soy, afectuosamente tuya,

   Lily

"Pensé que le gustarían los planes que hice para nosotros"

Querida Julie:

No culpo a Michael por sentirse molesto por tu respuesta a la invitación de los Ferguson para cenar el lunes de Pascua: respondiste "sí" sin siquiera mirarle a la cara para leer sus deseos, cuando en realidad estaba ansioso por encontrar una excusa porque no disfruta de su compañía.

Parece que has caído en una trampa común: una idea equivocada de la unidad en el matrimonio. Es cierto que el matrimonio es una unión de amor a través de la cual los cónyuges están llamados a ser "una sola mente, una sola alma y un solo corazón".

Pero hay una unidad correcta y una unidad equivocada. Para ver la diferencia, permítanme tomar prestado del libro de mi marido, *Metafísica de la comunidad*[68], donde distingue entre fusión y unión.

---

68 Dietrich von Hildebrand, *Metafísica de la comunidad: investigaciones sobre la esencia y el valor de la comunidad* (Madrid: Editorial Universidad Francisco de Vitoria, 2023).

La fusión es la fusión de dos sustancias. Una vez que se ha producido la fusión, la individualidad de cada sustancia separada ha desaparecido. Tomemos dos trozos de hierro, calentémoslos hasta el punto de fusión y vertámoslos en un recipiente: se funden y se vuelven indistinguibles porque se han convertido en una sustancia mayor.

Pero esto es imposible para las personas, que por naturaleza poseen una individualidad tan perfecta que no pueden convertirse en partes de otra cosa. Además, si dos personas pudieran fusionarse, no podrían amarse, porque el amor exige dualidad. Por eso, el amor entre personas no aspira a la fusión (que destruiría el amor), sino a la unión.

La unión exige que las dos personas sigan siendo plenamente ellas mismas, claramente separadas, pero unidas entre sí por *los cordones de oro del amor.* Un marido y una mujer que se aman se convierten en uno, pero al hacerlo no dejan de seguir siendo plenamente ellos mismos, dos individuos claramente distintos. De hecho, misteriosamente, a través de la unión amorosa del uno con el otro, cada uno se encuentra a sí mismo y a su propia individualidad única de una manera nueva y más profunda.

Este punto puede contener la clave del problema que causaste al aceptar la invitación a cenar de los Ferguson sin consultar a Michael. Gracias a tu unión con Michael, te sentiste libre de la obligación de consultarle. Supusiste que como los dos sois uno, él querría lo que tú quisieras.

Si dejas que esto se convierta en un hábito, Michael podría llegar a sentir que ya no le tomas en serio como persona —como individuo único e insustituible con su propia mente, su propia voluntad, su propio corazón, su propia personalidad—, lo que equivale a concluir que ya no le ves como tu amado compañero, sino simplemente como una extensión de ti misma, como si vuestra asociación fuera una fusión de piezas en una en lugar de una unión de dos individuos.

Paradójicamente, cuanto más estrecha sea vuestra unión y mejor os conozcáis, más tentados estaréis los dos de dar por sentados los deseos del otro. Al mismo tiempo, será cada vez más importante que respetéis absolutamente la individualidad del otro. Permanecer siempre atenta a Michael como individuo al que estás unida por amor evitará malentendidos en el futuro.

Una vez más, ves que el matrimonio es una llamada constante a esa vigilia amorosa en la que *escuchas* con ternura el alma de otra persona.

Espero que a Michael no le haya resultado demasiado dolorosa la cena con los Ferguson.

Con cariño,
Lily

"No hemos estado tan unidos últimamente"

Querida Julie:

Muchas cosas van mal en las relaciones humanas porque cuanto más nobles y valiosas son las cosas, más frágiles son. La porcelana fina se rompe; los platos de plástico, no.

A medida que tú y Michael alcanzáis una unión espiritual más profunda, habéis empezado a encontraros con los problemas únicos que conlleva una gran cercanía a otra persona. La dificultad con la invitación a cenar de los Ferguson fue uno de esos problemas. La intimidad sexual es otra. Al haber experimentado la profunda alegría y belleza de la unión sexual como una manifestación de amor maduro, ahora encuentras decepcionante cualquier cosa que no sea eso.

En este ámbito, es importante ser paciente contigo misma y también con Michael. Somos seres espiritualmente turbulentos; nuestros sentimientos a menudo no están en armonía con nuestras acciones. Continúa amando a Michael y no te preocupes por las decepciones.

Permíteme repetir mi tema constante: intenta cambiar cada derrota en una victoria de amor. La paz del alma que esto te da suavizará las partes rocosas de tu matrimonio e intensificará las hermosas.

Con respecto a las relaciones sexuales en particular, creo que es un gran error psicológico que los cónyuges entren en el misterioso jardín de la entrega sexual sin ninguna preparación interior. Aparte del vínculo con el gran acontecimiento de concebir un hijo, tu unión corporal con Michael en el secreto de vuestra intimidad es tan grande y tan misterioso que exige una preparación interior. Debe ser el clímax de la atención revelada a través de palabras y actos amorosos: una sinfonía de ternura manifestada de muchas maneras diferentes en el transcurso del día (tu corazón te enseñará qué hacer). Entonces —y solo entonces— tu unión sexual adquirirá todo su valor como cántico de amor.

No me malinterpretes. Lo que tengo en mente no es tanto un elemento temporal como un elemento espiritual, porque vuestra unión no es meramente una unión de cuerpos, sino más bien una unión de corazones manifestada a través de vuestros cuerpos.

Vuestra unión sexual es una fiesta de amor y, como toda fiesta, debe prepararse con amor. Esto no significa falta de espontaneidad, sino que da a la espontaneidad su verdadero significado. La preparación interior evita que tu unión sexual se convierta en un simple resultado de la costumbre, en un acto en el que caes por costumbre. Al preservar su verdadero significado como signo de dos personas enamoradas, te aseguras de que tu felicidad conyugal aumente.

Te envío mi más profundo amor,

Lily

"No le dejé terminar"

Querida Julie:

Siempre me maravilla que los matrimonios, como las almas, puedan diferir tanto entre sí. Sin embargo, tu última carta me recuerda que los matrimonios, como las almas, también tienen ciertos rasgos en común.

Tu problema no es único: en prácticamente todos los matrimonios que conozco —el mío no fue una excepción—, marido y mujer se interrumpen mutuamente.

El marido empieza una historia y su mujer interviene para corregirle: "Ocurrió el martes, no el lunes y además era un caniche, no un collie". La historia se interrumpe, el marido se frustra y los oyentes se sienten avergonzados.

O la mujer empieza una frase y el marido, creyendo saber lo que va a decir su esposa, se la completa mientras ella se queda boquiabierta.

Interrumpir a otra persona es, como mínimo, una falta de respeto y no se le ocurriría a una persona educada hacerlo en circunstancias formales.

Sin embargo, interrumpimos constantemente a las personas más cercanas. Este es el lado negativo de la intimidad y tiene sus peligros, el principal de los cuales es la irreverencia.

Es como si estuviéramos tan convencidos de que podemos formular mejor el pensamiento, que no damos a la otra persona la oportunidad de completarlo por sí misma. O peor aún, es una forma de decir: "Ya sé lo que vas a decir".

Siegfried Hamburger, el mejor amigo de mi marido, se lesionó el tímpano durante la Primera Guerra Mundial y más tarde empezó a perder progresivamente la audición. La perspectiva de una sordera total le preocupaba profundamente y un día le confesó a mi marido que le resultaría muy doloroso quedar aislado de las conversaciones de sus amigos.

Para consolarlo, mi marido le prometió que, cuando llegara ese momento, le escribiría lo que realmente le interesara de una conversación. "Muchas gracias", replicó Hamburger, "pero me gustaría seguir oyendo tu voz, aunque solo digas: 'Son las dos'".

Cuando sientas la tentación de interrumpir a Michael, piensa en las conmovedoras palabras de Siegfried Hamburger y date cuenta de que un día, si alguna vez tienes la gran desgracia de enviudar, anhelarás desesperadamente oír la voz de Michael, que tantas veces has silenciado. Quizá este pensamiento te ayude a luchar contra nuestra tendencia

humana tan profundamente arraigada a interrum-
pirnos unos a otros.

Con cariño,
Lily

"No le importaba cómo me sentía"

Querida Julie:

¡Qué pena que hayas vuelto a sufrir migrañas! Son terriblemente dolorosas, pero es difícil que los demás se compadezcan, ya que los síntomas no son visibles.

No me sorprende que después de tu tercer dolor de cabeza en dos semanas, Michael se haya desinteresado e incluso irritado un poco.

Pero no creo que su reacción indique que sea insensible hacia ti (aunque no te esté cuidando con tanta ternura como tú le cuidaste a él con su rodilla maltrecha el mes pasado).

Si tuvieras algo más grave (no digo más doloroso) que una migraña, estoy convencida de que Michael habría hecho acopio de todo su amor para acudir en tu ayuda. La mayoría de los hombres no tienen paciencia con las enfermedades leves (ya sean propias o ajenas) y ni siquiera les gusta hablar de ellas.

Estoy de acuerdo en que vuestros diferentes temperamentos conducen a una especie de doble rasero, en el que Michael recibe tu simpatía cuando está enfermo, pero es incapaz de devolvértela en la misma medida cuando tú estás enferma. Tal vez el conocimiento regular de las molestias corporales hace que la enfermedad sea más fácil de soportar para las mujeres y hace que la simpatía sea más fácil de recibir y de dar.

Por lo general, los hombres jóvenes no se sienten afligidos por su cuerpo, lo que me lleva a pensar que los dolores y las debilidades que impone la enfermedad no solo incapacitan a los hombres, sino que también los humillan.

Quizá esto explique su malhumor característico cuando están enfermos, pero sigo sin entender por qué los hombres, que en general afirman ser más lógicos que las mujeres, suelen negarse a cuidarse adecuadamente cuando no están bien.

Pero yo no dejaría que ninguna de estas aparentes contradicciones se convirtiera en motivo de disputa entre vosotros. Me parece que lo más sensato (aparte de buscar atención médica cuando sea necesario) es hacerle saber a Michael lo mal que te encuentras y pedirle que tenga paciencia. Después, menciona el asunto lo menos posible.

No trates de hacer de tu malestar un tema repetido incesantemente. Como Michael no entiende tu anhelo de atención tierna, es probable que tus quejas no te atraigan su simpatía.

Además, como muchos hombres, parece simplemente impotente ante el sufrimiento. Estoy segura de que con el tiempo se volverá más sensible a tus necesidades y aprenderá a comunicar mejor su simpatía.

Que sepas que tienes mis más cariñosos deseos de una pronta recuperación.

Lily

"Muchas pequeñas cosas me irritan"

Querida Julie:

Tus dificultades de las últimas semanas parecen haberte creado un problema común no solo en el matrimonio, sino en la vida en general.

En el exterior, la primavera está a punto de convertirse en un glorioso verano, pero en tu corazón aún reina el invierno: has dejado que las pequeñas heridas se acumularan y ahora te encuentras de repente con un nudo creciente de resentimiento.

En las últimas semanas, has discutido varias veces con Michael por asuntos sin importancia y él te ha contestado con sarcasmo. Es difícil que alguien esté *despierto* todo el tiempo y los problemas que has mencionado indican que, ya sea por fatiga o apatía, Michael definitivamente no ha estado atento a tus sentimientos. (¿Has estado tú atenta a los suyos?)

Aun así, vuestro profundo amor recíproco me convence de que ambos estáis bien armados, con la gracia de Dios, para superar estos problemas que surgen en toda relación humana, especialmente si actuáis con rapidez cada vez que surgen. Concretamente, no permitas que tus heridas supuren en tu alma y te envenenen contra Michael. Tomadas una a una son insignificantes. Tomadas en conjunto son impresionantes, aunque estén hechas de cosas pequeñas. Puedes lidiar con una nimiedad; no puedes lidiar con cincuenta a la vez.

Una forma de evitar que se acumulen es hablar de ellas con Michael poco después de que ocurran. Así, ambos podréis trabajar juntos para encontrar un remedio y evitar que en el futuro se repitan los mismos incidentes irritantes. Y si la discusión (en un momento de calma, por supuesto) no resuelve los problemas, todavía hay una forma —además de la oración— de que trabajes interiormente para asegurarte de que tu resentimiento no se acumula.

En lugar de crear un libro de contabilidad mental en el que sumas constantemente las ofensas de Michael, intenta disolver cada una de ellas en tu amor a medida que suceden. Cada noche, antes de dormirte, intenta apartar conscientemente de ti las pequeñas dificultades del día, para poder empezar fresca la mañana siguiente. Como aconseja san Pablo "no se ponga el sol estando todavía airados"[69].

Por muy profundamente que amemos a alguien, las imperfecciones humanas y las circunstancias difíciles opacan inevitablemente esa belleza de alma que percibimos por primera vez en él y llegamos a

---

69 Ef 4, 26.

dudar de si la visión del Tabor no era simplemente una ilusión que ya ha huido.

En esos momentos yo recurro al tesoro de dulces recuerdos que guardo de esa persona e intento recordar vívidamente una palabra, un gesto, un acto de generosidad o de heroísmo que me haya revelado especialmente su verdadero ser, su belleza única.

Al contemplar su acto con gratitud, nuestras dificultades actuales pierden importancia y mi amor por él vuelve a crecer con fuerza.

He colocado muchas cosas en mi cofre del tesoro mental. Una de ellas es mi recuerdo de cómo se comportó hace años una querida amiga mía mientras viajábamos en avión a través de una tormenta muy violenta. Las dos estábamos aterrorizadas y yo también estaba mareada.

Cuando mi amiga vio lo angustiada que estaba, apartó su propio miedo y empezó a acariciarme suavemente la mano para consolarme. Tan grande era su tierna preocupación por mí que, a lo largo de las temibles turbulencias, su rostro no expresaba más que amorosa bondad.

Esto me conmovió tan profundamente que hasta el día de hoy —incluso en momentos de desacuerdo con ella— solo necesito recordar este episodio para que mi corazón se derrita de gratitud por el regalo de su amistad que ha iluminado mi vida durante tantos años.

Estoy seguro de que ya tienes algunos de estos hermosos recuerdos de Michael y de que, con el

paso del tiempo, se te irán sumando otros. Acuér-
date de ellos y guárdalos en tu baúl de los teso-
ros. Entonces, cuando tu visión Tabor de Michael
se oscurezca, corre a tu cofre del tesoro, recuerda
esos dulces recuerdos que has colocado allí deliberadamente y medita sobre ellos. Tus pequeños
desacuerdos disminuirán en importancia y pronto
te encontrarás capaz de ver a Michael de nuevo en
todo su esplendor.

Con cariño,

Lily

"El béisbol me aburre y a Michael no le gusta el arte"

Querida Julie:

Me alegra mucho que la idea de un cofre espiritual te haya resultado útil, pero me alegra aún más tu renovada disposición al sacrificio para perfeccionar tu amor por Michael, incluso cuando estás descubriendo cuántos sacrificios son necesarios en el matrimonio.

A veces las posibilidades de desacuerdo parecen infinitas. Por muy unidos que estéis, un motivo de placer para uno de vosotros puede resultar aburrido o incluso desagradable para el otro. Esto forma parte del drama profundo del matrimonio: la llamada constante a *morir a uno mismo* por el bien de la persona amada.

A ti y a mí nos encanta la cocina italiana y, puestos a elegir, siempre preferimos los espaguetis a la italiana a las hamburguesas y las patatas fritas. Sin embargo, ahora cocinas a menudo comida americana solo porque a Michael le encanta. Sé que das largos paseos con Michael cuando preferirías quedarte en casa. Estoy segura de que, para complacerte, él también renuncia a menudo a un deseo, como salir con sus amigos varones.

A menudo he descubierto que, cuando adopto una actitud cariñosa, puedo descubrir en cosas antes aburridas la fascinación que otros encuentran en ellas. Michael y tú podríais intentar aprender el uno del otro de esta manera para llegar a compartir más intereses.

Sin embargo, cuando fracasáis, la única solución es el sacrificio, que a primera vista no parece atractivo. Sin embargo, es curioso cómo incluso los sacrificios aparentemente triviales pueden dar una alegría inesperada y alimentar el amor entre dos personas. "Dios ama al que da con alegría"[70], dice san Pablo, así que cuando hagas un sacrificio, como ir a un partido de béisbol con Michael (¿tanto sacrificio es estar con la persona que más quieres?), hazlo con alegría para que nadie se dé cuenta. Anunciar los sacrificios es una mala manera de hacerlos.

Los sacrificios que he mencionado hasta ahora no causan ningún daño real a ninguno de los dos. A ti no te perjudica ver el béisbol, igual que a Michael no le perjudica ir a un museo de arte contigo. Sin embargo, hay situaciones en las que una persona disfruta de algo que perjudica a otra. Un ejemplo es fumar. Supongamos que Michael fumara y tú (como yo) fueras alérgico al humo: su comportamiento te perjudicaría. En tal caso, él debería renunciar a su

70 2 Cor 9, 7.

placer para evitar hacerte daño, porque eso debe tener prioridad absoluta sobre cualquier disfrute puramente subjetivo que pueda recibir al fumar (que, por supuesto, también le hace daño a él, pero de eso no voy a hablar ahora).

A veces los sacrificios vienen de los cónyuges que están juntos; a veces vienen de los cónyuges que tienen que estar separados. Conozco matrimonios muy felices en los que los maridos van a pescar mientras su mujer se queda en casa o visita a unos amigos. También conozco matrimonios en los que el marido, debido a su ardiente amor por su mujer, no disfruta de nada si ella no está presente y renunciaría gustosamente a sus actividades favoritas para estar con ella. Michael y tú tendréis que utilizar el método de ensayo y error para descubrir cómo los sacrificios pueden servir mejor al amor en vuestro matrimonio.

Ya habéis dado el paso más difícil al daros cuenta de que todo amor exige sacrificios. Y me imagino que habréis descubierto la alegría que es sacrificarse por la persona amada.

Os tengo constantemente en mis oraciones,

Lily

"Mis planes para la noche se arruinaron"

Querida Julie:

¡Tu primer año de matrimonio ha pasado muy rápido! He estado tan ocupada esta primavera que apenas me he dado cuenta de que mayo ya casi ha terminado. Te pido disculpas por haberme olvidado de enviarte flores a tiempo para tu aniversario, pero me alegro de que mi llamada te ayudara a alegrar lo que en muchos sentidos fue un día decepcionante para ti.

Como te dije por teléfono, comprendo tu angustia por el hecho de que Michael tuviera que traer a casa a un invitado inesperado de la oficina. Arruinó la intimidad de vuestra cena con champán y velas y tu decepción perduró a pesar de que Michael había llamado con antelación para disculparse.

Cuántas veces me he sentido igual de decepcionada cuando mis expectativas se han visto truncadas por algún contratiempo imprevisto, a pesar de que los acontecimientos, tal y como finalmente se desarrollaron, fueran encantadores. La decepción no viene de lo que ocurrió, sino de compararlo con nuestras expectativas (a menudo poco realistas) sobre lo que pensamos que debería haber ocurrido.

Cuando dictamos interiormente las condiciones de nuestra felicidad, nuestros propios sueños se convierten en un enemigo. Asumimos que tenemos derecho a que las cosas salgan como planeamos y, cuando no es así, sentimos que la vida nos engaña: "Tenía tantas ganas de esto y ahora me siento defraudado".

En esos casos, intento recordar el título del libro de C.S. Lewis, *Cautivado por la alegría*[71], e intento dejarme sorprender por la alegría. Creo que descubrirás que los momentos más profundos y hermosos de tu vida no serán necesariamente los que has planeado, sino los que te llegan inesperadamente como regalos misteriosos.

No estoy defendiendo una actitud derrotista ante la vida que diga: "No esperes demasiado; no te decepcionarás". Ni mucho menos. Más bien, creo que tenemos que intentar desarrollar la actitud de un niño que acepta con gratitud los dones que se ponen en su camino, sin hacer constantes reclamaciones: "si no os convertís y os hacéis como los niños, no entraréis en el Reino de los Cielos"[72].

Tu experiencia con tu cena de aniversario estropeada muestra lo peligroso que es anticipar que un

---

71 C. S. Lewis, *Cautivado por la alegría: Historia de mi conversión* (Barcelona: Harper One, 2006).
72 Mt 18, 3.

acontecimiento sucederá tal como lo planeas. A menudo surgen nubes de la nada para frustrar nuestras expectativas. Por eso creo que siempre debemos esperar lo mejor, pero también aceptar con humildad lo que se nos dé, tal como Dios nos lo envíe. Tanto si el cielo está nublado como sereno, intentemos siempre revestir nuestras experiencias de gratitud y entonar la canción de alabanza del amor.

Felicidades una vez más por vuestro aniversario.
Lily

"No entiendo por qué se ofendió"

Querida Julie:

A primera vista, parece extraño que Michael se enfadara simplemente porque dijiste que tu padre podía arreglar fácilmente la radio que Michael no había podido reparar. Debe de haber algo más de lo que crees. Intenta averiguar por qué se ofendió Michael, sobre todo teniendo en cuenta que ambos queréis y admiráis a vuestro padre.

Sin duda, la relación con tu padre ha sido un gran regalo en tu vida. Significa mucho para una chica joven poder admirar a su padre. Yo, por ejemplo, le debo mucho a mi padre. Su excepcional reverencia por el misterio de la concepción, la maternidad y la procreación me acompañará toda la vida.

Pero, ¿me equivoco al suponer que, desde que conociste a Michael, has elogiado mucho a tu padre, tal vez tomándolo inconscientemente como modelo? Son suposiciones mías, pero Michael puede tener la sensación de que deseas que se parezca más a tu padre. Si es así, su reacción es comprensible. Inconscientemente, Michael puede suponer que le quieres como una segunda edición de tu padre y que el *autor de tus días* sigue siendo, en tu corazón y en tu mente, tu primer amor e ideal.

Creo que merece la pena que examines si, de hecho, puedes haber caído en este error. Lo llamo error porque cada uno de nosotros tiene sus propios dones, talentos y vocación, así como sus propias tentaciones y defectos. Nuestra tarea en esta vida no consiste en imitar a los demás de manera absoluta (pues solo tenemos un modelo último: Cristo). Más bien debemos descubrir quiénes estamos destinados a ser.

Tenemos que juzgarnos a nosotros mismos no por el rasero de la personalidad o los logros de otra persona, sino por las posibilidades que encierra nuestra propia alma. En otras palabras, nunca debemos tratar simplemente de imitar a otros espiritualmente o de otro modo. Cada uno de nosotros es una imagen única de Dios; solo podemos alcanzar la santidad desarrollando plenamente nuestro propio potencial único como imitación de Dios.

Sé de un marido que esperaba que su esposa fuera un duplicado de su hermana, una mujer de extraordinario encanto y talento que combinaba belleza, inteligencia y grandes dotes artísticas. Solo consiguió aplastar a su esposa, que estaba más modestamente dotada. Si se hubiera dado cuenta de lo que hacía, se habría horrorizado, porque la amaba.

Seguro que te haces una idea: si Michael sospecha que quieres que se convierta en otro tipo de persona en lugar de llegar a ser realmente él mismo (que es el anhelo más profundo del amor), es comprensible que se sienta herido y tiene razón al oponerse a tus expectativas.

Así que intenta no comparar a Michael con tu padre. Intenta más bien ver la hermosa promesa que tiene dentro de su propia alma y ayúdale diariamente a hacerla realidad.

Con mi más afectuoso cariño,

Lily

"Todavía estoy enfadada con él"

Querida Julie:

Justo en el momento en que deberías alegrarte de que Michael se haya disculpado por sus fuertes palabras cuando elogiaste a tu padre, estás enfadada. ¡Qué criaturas tan volubles somos! Nuestras vidas emocionales son tan complicadas y estamos tan sacudidos por los acontecimientos, que es un milagro que nuestro amor perdure.

En todo momento, pero especialmente ahora, el perdón debe estar entretejido en el tejido de vuestro amor. Tu matrimonio no puede perdurar sin tu voluntad interior de perdonar a Michael y de pedirle perdón por tus faltas. (Por eso, los votos matrimoniales también deberían exigir a los cónyuges la promesa de pedir perdón cuando se hayan hecho daño mutuamente y de concedérselo cuando se lo pidan).

Recuerdo una obra de Gabriel Marcel en la que una mujer, justamente enfadada con su marido infiel, llega a darse cuenta de que, aunque él esté equivocado y ella tenga razón, *no basta con tener razón. El amor exige más: nos llama al perdón*[73].

Michael se ha disculpado y te ha pedido perdón. ¿Cómo no va a derretirse tu corazón ante su petición?

Si sigues teniendo dificultades para perdonarle, medita sobre las innumerables veces que has hecho daño a otras personas —incluidas las más cercanas— y que también has ofendido a Dios. Una vez que tu corazón se haya derretido en contrición, te resultará no solo fácil sino incluso un privilegio perdonar. Y podrás rezar desde el fondo de tu corazón: "perdona nuestras deudas como también nosotros perdonamos a nuestros deudores"[74].

La alternativa es terrible. Como he mencionado antes, la falta de voluntad para perdonar envenenará tu alma. Demasiado a menudo he escuchado las terribles palabras: "Me ha herido tan profundamente; nunca le perdonaré". La negativa a perdonar se convierte en odio; el odio se convierte en veneno y el veneno trae la muerte espiritual. No te limitarás a odiar; te volverás odiosa para los demás corroyendo tu propia alma.

El amor y la disposición a perdonar van de la mano. Cuando descubriste que amabas a Michael, comprendiste la necesidad de una disposición in-

---

73 Gabriel Marcel, *Ser y tener*, 2.ª ed. rev., trad. A. M. Sánchez (Madrid: Caparrós Editores, 2003), cap. X, "La fidelidad".
74 Mt 6, 12; Cfr. Lc 11, 4.

condicional a perdonarle, porque le amas y sabes que tu perdón es un bálsamo curativo para su alma y para la tuya.

Cuanto más ames a Michael, más fácil te resultará decirle: "Perdóname". Cuanto más lo ames, más fácil será decirle las palabras que son aún más dulces: "Te perdono".

Estoy seguro de que el perdón triunfará.

Con mis más profundas oraciones para ti y tu querido Michael, te saludo atentamente,

Lily

"Si tan solo me hubiera escuchado"

Querida Julie:

Has caído en un error clásico, que conozco bien. Por supuesto que tenías razón: Michael no debería haber insistido en aparcar el coche en un espacio que en realidad era demasiado pequeño para él. Efectivamente, abolló el guardabarros.

Michael cometió el error y, aunque obviamente estaba cabizbajo, agravaste la situación repitiendo esas palabras explosivamente peligrosas: "Te lo dije".

Como era de esperar, Michael se puso furioso. (La próxima vez intenta recordar el sabio consejo de Platón de no deshonrar nunca a otra persona[75], sobre todo —me gustaría añadir— a una que está cerca de ti).

Sin duda, cuando Michael se embarca en una empresa desesperada o está a punto de cometer un

---

75 La frase no se ha localizado en los *Diálogos* de Platón, por lo que podría tratarse de una formulación apócrifa o derivada de la tradición oral, pero no atribuible textual o contextualmente al filósofo.

grave error, debes advertirle. Pero si hace caso omiso de tu advertencia, tienes que dejarle que cometa sus propios errores. Una vez cometido el error, tu tema cambia radicalmente: no se trata en absoluto de subrayar lo sabio que fuiste al prever la catástrofe. Se trata más bien de utilizar tus dones para atenuar las consecuencias del percance y ayudar a Michael a no quedar mal. (Él debería hacer lo mismo por ti cuando seas tú el equivocado).

Por lo general, las personas son muy sensibles a los errores que han cometido y es especialmente doloroso si la persona a la que quieren es quien se los restriega. Por lo tanto, objetivamente tiene muy poco sentido decir alguna vez "te lo dije", porque para cuando lo dices, el propio culpable lo sabe perfectamente.

Cuando sea inevitable hablar de errores pasados, procura no sermonear ni insistir en que tú tenías la respuesta desde el principio y que la próxima vez será mejor que acuda a ti en busca de consejo. Piensa cómo te sentirías si estuvieras en su lugar.

Una de las reglas de oro del matrimonio (y de la vida) es la de *empieza por ti mismo*. Situarte por encima de Michael siempre será desastroso, sobre todo si te nombras su maestra. Apóyate más bien en el santo contagio del buen ejemplo, para que tu mensaje llegue con cariño y sin humillar a tu Michael.

Con cariño,

Lily

"Pero no quiero complacer su orgullo"

Querida Julie:

Me parece interesante que te cueste estar de acuerdo con mi última carta. Demuestra el asombroso poder que poseen las ideas *en el aire*. Algunas feministas han difundido la opinión de que las mujeres miman a los hombres. Alimentan sus egos, en vez de ponerlos en su lugar. Supongo que estas mujeres recomendarían restregarle a Michael sus errores por la cara.

Tales opiniones se basan en el supuesto de que hombres y mujeres son esencialmente rivales y que las mujeres sufren porque no se defienden. Ya es hora, dicen, de que las mujeres tomen la ofensiva, corten el rollo a los hombres y revienten el enorme globo de su orgullo machista.

Pero, ¿queremos la guerra entre los sexos o la paz? ¿Queremos odio o amor? ¿Rivalidad o complementariedad?

Dado que enfoco el problema del amor y del matrimonio desde un punto de vista cristiano, no me cuesta nada optar por las segundas alternativas y rechazar rotundamente las primeras. La tragedia de muchas feministas es que han perdido totalmente de vista los ideales de paz y reconciliación, basados en la dignidad y la complementariedad de los sexos.

En el momento en que las mujeres compiten con los hombres en lugar de colaborar con ellos, surgen los problemas. Te darás cuenta de que Dios no creó a Eva para que fuera la rival de Adán, sino su compañera, que es algo muy distinto. Por eso, en lugar de enfrentarse o juzgar siempre a sus amigos, una buena compañera los cuida.

A veces, para ello, tiene que apartar la mirada de sus defectos, lo que no es lo mismo que aprobarlos o, como tú sugieres, reforzar su ego. Se trata más bien de ejercer una prudencia cariñosa, dándoles el espacio que necesitan para superar sus debilidades.

Por eso, está bien que te abstengas de criticar a Michael y es esencial que no lo reprendas con una dura retórica feminista que con demasiada frecuencia genera competencia entre los sexos y despierta resentimientos en lugar de desarrollar la cooperación y el amor mutuo.

Por favor, hazme saber si estos comentarios te ayudan a soportar los defectos de Michael sin ira para que puedas trabajar junto a él para resolverlos.

Y trata de recordar que debes empezar por ti misma. Os tengo a los dos constantemente en mis oraciones. Por favor, rezad también por mí.

Con mucho cariño,

Lily

"¿Quieres decir que está mal criticar a Michael?"

Querida Julie:

Tal vez estoy teniendo dificultades con este tema porque es muy complejo y delicado. Permíteme intentar algunas observaciones adicionales para aclarar mis puntos anteriores.

Hay faltas que no solo es legítimo, sino incluso necesario que critiques, pero solo si es el momento adecuado y tus motivos son puros.

Primero trata de discernir la gravedad del asunto. Pregúntate si se trata realmente de un asunto grave o simplemente de algo que te saca de quicio y que, con un poco de paciencia, podrías aprender a soportar.

Si se trata de un asunto objetivamente grave (y no de una nimiedad que debe pasarse por alto), entonces aún tienes que purificar tus motivos. ¿Recuerdas que san Agustín dijo que, cuando estaba en Roma antes de su conversión, sus alumnos le estafaron dinero y les odió por ello, "pero no con el odio adecuado"[76]?

---

76 Agustín de Hipona, *Las confesiones* V, 12, 22, ed. crítica y anotada por Ángel Custodio Vega (Madrid: BAC, 1979), p. 215.

Estaba más molesto por el hecho de haber sido tratado injustamente que por la ofensa a Dios que implicaba la injusticia.

Intenta evitar el error de Agustín: asegúrate de que tus críticas no están motivadas por el hecho de haber sido herido, sino por una preocupación objetiva por lo que es justo. En otras palabras, preocúpate por el hecho de que la falta de Michael le perjudica personalmente (y quizá a otros) y también ofende a Dios.

Por último, trata de elegir el momento adecuado: si Michael está tan cansado, nervioso o irritado que cualquier crítica le causará más problemas de los que resuelve, entonces obviamente, es mejor el silencio.

Siempre debemos dudar a la hora de criticar a nuestros seres queridos, pero si es necesario, debemos estar seguros de que nos motiva una profunda y tierna preocupación por su bien. Solo la crítica desinteresada es una crítica amorosa.

Sé que parecen condiciones extremadamente difíciles de imponerse a uno mismo, pero he comprobado que cuando las empleo, obtengo un gran éxito. Si reservas tus críticas para asuntos objetivamente serios, te aseguras de que tus propios motivos son puros. Si eliges el momento adecuado para la discusión, es mucho más probable que convenzas a Michael de que cambie su comportamiento erróneo. Y lo que quieres es ese cambio, ¿no?

(Por supuesto, mis sugerencias también son válidas para Michael. Él debería aprender a criticarte solo por amor y, cuando lo haga, tú deberías intentar aprender a aceptar con gratitud sus reproches).

Seguramente es difícil, pero si os esforzáis mutuamente por convertiros en compañeros cada vez más perfectos en el amor, os acercaréis rápidamente a Dios y el uno al otro.

Con cariño,
Lily

"No movió un dedo para ayudar"

Querida Julie:

No puedo entender por qué te irritaste cuando Michael no te ayudó espontáneamente a poner las decoraciones de Halloween en el ático. ¿Por qué simplemente no le pediste ayuda?

¿Podría haber una sutil terquedad en ti que prefiere sufrir antes que pedir ayuda? Si es así, es una lástima, porque te impide aprovechar uno de los grandes recursos en manos de las mujeres: apelar a ese sentido de la caballerosidad que se encuentra en lo más profundo del corazón de la mayoría de los hombres (aunque a menudo esté oculto por una gruesa costra de egoísmo).

Por supuesto, siempre es un regalo especial estar con otra persona que está tan atenta a tus necesidades que acude en tu ayuda de forma espontánea. Pero no puedes esperar que Michael esté siempre tan despierto. Su falta de atención y su inacción en este caso pueden deberse al cansancio tras un largo día y no al egoísmo.

Me has dicho a menudo que Michael (como todos los hombres dignos de ese nombre) se conmueve especialmente cuando le haces saber lo mucho que le necesitas. Yo en tu lugar le habría dicho: "Querido, no puedo con estas cajas yo sola. Por favor, ayúdame con ellas". Estoy segura de que él habría acudido en tu ayuda. (No estoy sugiriendo que finjas impotencia como medio de manipular a Michael; simplemente creo que tus sinceras peticiones de ayuda provocarán una respuesta caballerosa por parte de Michael).

Porque estoy convencida de que, aunque muchos hombres parezcan toscos e indiferentes, en el fondo la mayoría son caballerosos; sienten que su misión especial es ayudar a los que son físicamente menos fuertes: mujeres, ancianos, niños. Pueden ser heroicos en su deseo de rescatar a alguien necesitado.

Por desgracia, las duras actitudes de algunas mujeres modernas han dañado gravemente este noble rasgo masculino. Muchos hombres modernos han sentido el aguijón de la competencia femenina y han llegado a la conclusión de que si las mujeres van a adoptar vicios masculinos (como la agresividad, la brutalidad y la tosquedad), entonces la caballerosidad hacia las mujeres pierde todo su sentido.

Lo que me recuerda un divertido episodio ocurrido hace poco en California: una joven conducía y de repente pinchó una rueda. Era incapaz de cambiarla ella misma y nadie se paró a ayudarla. Exasperada, escribió en un gran trozo de papel en letras grandes: "¡No soy feminista!". A los pocos minutos llegó la ayuda de un joven encantado de poder ayudarla.

Créeme, siempre te irá bien si, en lugar de competir, colaboras con los hombres y apelas a su carácter noble y caballeroso.

Afectuosamente,

Lily

"No me preocupa vestir bien"

Querida Julie:

Conozco a una mujer que, cuando estaba prometida, pasaba mucho tiempo frente al espejo para estar lo más atractiva posible para su prometido. Ahora está casada y viste descuidadamente en casa, mientras hace grandes esfuerzos para ser atractiva cuando sale.

San Francisco de Sales nos dice que las mujeres piadosas deben ir bien vestidas[77], pero esto no significa que deban convertirse en esclavas de la moda. Hay una manera de vestir que es atractiva, incluso elegante, pero al mismo tiempo modesta y sencilla. Y lo que es más importante, el atractivo no debe reservarse para los invitados y las personas con las que te reúnes fuera de casa, mientras que *te dejas llevar* cuando estás a solas con Michael.

---

77 Cfr. Francisco de Sales, *Introducción a la vida devota*, trad. P. de Silva, novísima ed. (Madrid: Apostolado de la Prensa, 1924), cap. XXV, p. 177.

En el momento en que una pareja se casa, debe empezar a intentar estar siempre lo mejor posible el uno para el otro, física (y sobre todo) espiritualmente. ¿No es justo que des lo mejor de ti a Michael, que se ha entregado a ti por amor?

Que Dios os bendiga a ti y a tu querido Michael en este tiempo de Acción de Gracias.

Con afecto,

Lily

"¿Por qué no debo ser yo misma?"

Querida Julie:

Otra de mis cartas que no ha logrado convencerte. Aunque estoy intentando tener más recogimiento de cara a unas Navidades santas, la presión de los quehaceres prácticos ha sido tan grande que te escribí con prisas y probablemente no me expliqué con tanto cuidado como debería.

Cualquiera que sea la razón, no estás convencida, y —si interpreto bien tu carta— piensas que tratar de estar siempre espiritualmente lo mejor posible para tu cónyuge es artificial, poniendo una falsa fachada que tensaría tu relación con Michael. Mucha gente piensa hoy que la sinceridad exige que digamos lo que pensamos y mostremos todos nuestros estados de ánimo y sentimientos para no ser hipócritas.

Creo que no entienden ni la hipocresía ni la sinceridad. Por ejemplo, justo antes de Acción de Gracias oí a una joven acusar a su tía de hipócrita porque se mostraba amable con una persona que le caía mal. Reconozco que la actitud de su tía podía ser hipócrita. Pero ¿lo era necesariamente? Eso depende de su intención y las intenciones las conoce mejor la persona que las tiene.

Permíteme ser más concreta: supongamos que alguien me cae muy mal, pero soy especialmente cariñosa con él porque lo necesito para algo o porque quiero parecer muy santa. Esto es, en efecto, ser hipócrita. Pero supongamos que, dándome cuenta de lo subjetiva y poco amable que es mi actitud, trato de ir a lo más profundo de mí misma y veo a esa persona como un hijo de Dios dotado de un alma inmortal. Como resultado, aunque mi antipatía hacia él no ha desaparecido, lo saludo con cariño.

En este caso, estoy lejos de ser hipócrita. Al contrario, he colaborado con mi yo más profundo, trascendiendo mi propia aversión para intentar ver a esa persona como Dios la ve. Esta es la verdadera caridad: no se basa en sentimientos fugaces de simpatía, sino en la conciencia de la persona y de su valor sublime como hijo de Dios.

Conozco a alguien que se cree muy honesta porque no dudaría en decirte que vistes mal o que tienes un diente torcido que te estropea la sonrisa. Esto no es honradez, sino simple grosería: la manifestación de sentimientos superficiales que hieren a los demás.

En lugar de eso, debemos volver deliberadamente a nuestras profundidades, donde podemos comportarnos con los demás con la amabilidad y el respeto que se les debe. No creas que porque tienes un sentimiento o un pensamiento determinado, la honestidad exige que lo expreses.

Así pues, cuando os insto a ti y a Michael a que deis lo mejor de vosotros espiritualmente en todo momento de vuestra vida matrimonial, no estoy abogando por una *hipócrita falsedad* (como tú dices) que corte la espontaneidad. Más bien, te pido que distingas entre tus sentimientos más profundos y válidos y los más superficiales e inválidos y que, luego, mediante tu libre albedrío, sanciones y abraces plenamente los sentimientos válidos y rechaces los inválidos.

Puede que tus sentimientos ilegítimos no desaparezcan, pero al menos no pueden arraigar en ti porque no han sido alimentados. Con suerte, pronto se marchitarán y morirán, sobre todo si sigues rechazándolos cuando vuelvan a aflorar.

Sé fiel a la hermosa visión del Tabor de Michael de la que hablé en mis cartas anteriores. Sé que a veces esto es difícil y que la visión del Tabor —dada por primera vez como un don— debe revitalizarse continuamente.

Es de esperar. Los Apóstoles vieron a Cristo transfigurarse en el monte Tabor, pero ellos también tuvieron que regresar al pie de la montaña y volver a subir, a veces entre la niebla y la lluvia, sostenidos únicamente por su fe en que la visión, ahora oscurecida, seguía siendo verdadera y que Cristo aún les esperaba en la cima.

Estoy seguro de que hay momentos similares en los que la visión que una vez se te concedió de Michael parece ser solo una ilusión estimulante que se confundió con una realidad válida. Aquí es donde tu fidelidad cobra importancia. Con fe, debes aferrarte a tu visión original de Michael, aunque ahora la fe tenga que sustituir a la vista. Junto con la gracia de Dios, tu visión retenida en la fe te dará la fuerza para seguir adelante, para ascender por rocas escarpadas, para afrontar los peligros y las dificultades. La promesa de recuperar la belleza que una vez percibiste te dará alas y fuerza.

Aquí lo más importante es tu voluntad, pues todo amor auténtico debe ser confirmado por muchos actos de voluntad que nos sostienen cuando —por la razón que sea— nuestros sentimientos decaen.

Así que, cuando ames, ama a Michael como lo viste claramente en aquella primera visión. Entonces siempre querrás darle lo mejor de ti, como un regalo especial para él. (Para un enamorado siempre es motivo de sufrimiento darse cuenta de que es incapaz de dar a su amada lo mejor de todo, incluido lo mejor de sí mismo. Pero, al menos, demos todo lo que podamos y recemos pronto para poder dar más).

Espero que esto te convenza de que no estoy recomendando artificialidad, sino fidelidad a tu verdadero yo.

Especialmente en este tiempo de Navidad, estamos llamados a un profundo recogimiento del alma que transforme nuestras actitudes y acciones con amor.

Rezaré profundamente por ti y por Michael mientras celebramos con alegría el nacimiento de nuestro Salvador.

Lily

"Fue una pelea seria"

Querida Julie:

Sí, a veces me asombra que los desacuerdos sobre asuntos tan pequeños puedan tener lugar incluso entre personas que, como tú y Michael, están de acuerdo sobre la mayoría de las cuestiones importantes de la vida. Estoy segura de que parte de la culpa hay que echársela a vuestro ajetreado ritmo vacacional. Las vacaciones de Michael fueron realmente demasiado breves para que fuerais en coche hasta Nueva Jersey el día después de Navidad, estuvierais en Chicago tres días después y regresarais a Saint Louis el día de Año Nuevo. El agotamiento acorta los ánimos.

Sin embargo, de tus comentarios se desprende claramente que el cansancio es solo una parte del motivo de vuestra pelea. Las diferencias entre vuestros deseos y temperamentos individuales también contribuyen a las dificultades.

Pero estoy convencida de que también tenéis problemas que se alimentan de la tensión perenne que existe entre hombres y mujeres, seres que tienen estructuras y puntos de vista muy diferentes y que, por tanto, suelen dar una importancia distinta a las cosas. El agotamiento y la tensión siempre acentúan los efectos de estas diferencias, pero no creo que sean insuperables.

Como enseña la Biblia, el hombre y la mujer fueron creados como seres complementarios, destinados a enriquecerse mutuamente a través de sus diferentes estructuras y su amor común de un modo que sencillamente no es posible entre seres del mismo sexo.

Ninguno de los dos puede engendrar un hijo por sí solo; juntos podéis llegar a ser padres. Esta fecundidad se refleja también en vuestras almas y todo lo que hacéis juntos es más rico gracias a ello. Esto es precisamente lo que ocurre en un matrimonio feliz.

Entonces, ¿por qué a veces tu naturaleza choca tanto con la de Michael? Creo que el problema se originó con Adán y Eva. Cuando pecaron juntos contra Dios, se alejaron de Él. Su pecado también los separó profundamente el uno del otro. (Pecar juntos siempre separa en última instancia a los compañeros en el pecado, lo cual es una parte de su castigo).

Tanto la naturaleza masculina como la femenina se vieron profundamente afectadas por el pecado original. Todas las notables cualidades masculinas de fuerza, coraje y nobleza fueron minadas en sus mismas raíces. Probablemente te habrás dado cuenta de que la primera reacción de un chico joven, cuando se enfada, es usar los puños. Como la mayoría de los hombres, Michael debe luchar contra la tentación de dejar que su fuerza degenere en brutalidad, su valor en temeridad y su nobleza en altanería y orgullo.

Y seguramente tú has experimentado tentaciones paralelas: tu sensibilidad natural amenaza con convertirse en un mero sentimentalismo egocéntrico y tu atención a los detalles puede convertirse rápidamente en mezquindad. (En esos momentos, estoy segura de que Michael siente la tentación de cantar con Higgins en *My Fair Lady*: "¿Por qué una mujer no puede ser más como un hombre?").

A lo largo de estos últimos meses, Michael y tú os habéis encontrado con los efectos de la Caída de Adán y Eva en vuestras distintas naturalezas, que en realidad estaban destinadas a estar en armonía, no en conflicto. En momentos de estrés, Michael pierde de vista el hermoso secreto de la feminidad que tú encarnas y tú, a tu vez, pierdes de vista la fuerza varonil y la nobleza que él encarna. Parece que os identificáis falsamente, no con lo que sois, sino con vuestras debilidades características. Esto dista mucho del plan divino que Dios tenía cuando entregó a Eva a Adán y cuando permitió que tú y Michael os entregarais el uno al otro.

Puedes considerar esta situación caída como una tragedia (que lo es) o como un desafío (que también lo es). Como he dicho antes, el matrimonio cristiano es una vocación elevada: el escenario ideal para restablecer la armonía original entre el hombre y la mujer, tan gravemente alterada por el pecado.

Qué ambición la vuestra y la de Michael: inoble y difícil! Pero con humildad, perseverancia y oración, vuestro amor triunfará.

Con todos mis buenos deseos para un Año Nuevo lleno de reconciliación y amor, os saludo afectuosamente,

Lily

"Se enfada cuando digo 'siempre'"

Querida Julie:

Justo cuando las cosas se estaban arreglando entre vosotros, rompiste la paz con esa palabra que parece tan inocua pero que, de hecho, está cargada: siempre. Puedes usarla para cosas insignificantes ("Siempre dejas las toallas en el suelo") o para acusaciones y reproches mucho más profundos ("Siempre tratas mejor a tu madre que a mí").

Y al igual que su gemela (nunca), *siempre* siempre causa problemas, problemas que pueden evitarse.

No solo es desafortunado decir siempre cuando en realidad quieres decir a menudo o incluso a veces; es no reconocer que Michael ha hecho a menudo lo correcto sin que te dieras cuenta o que, al menos, ha luchado valientemente por hacerlo pero ha sido derrotado. ¡Qué rápido nos damos cuenta de los fracasos, pero no de las victorias!

Insistir en los fallos de Michael puede desanimarle, sobre todo si se trata de asuntos serios. Proclamar a voz en grito que Michael siempre cae en una debilidad (como ser temerosamente impaciente) cuando, en realidad, puede estar esforzándose por evitarla, puede llevarle a una conclusión terrible: "En relación a Julie, que intente mejorarme o no da igual. Me doy por vencido".

Cuánto más amoroso es abstenerse de mostrar tu fastidio o, al menos, aprovechar también la ocasión para felicitar a Michael por los progresos reales que ha hecho: "Te has portado tan bien colgando las toallas últimamente que me sorprendió encontrarlas en el suelo esta mañana".

El espíritu del amor llena esta declaración, sacándola del ámbito del juicio frío. Siempre debemos procurar comportarnos con nuestro cónyuge con amor, para que nuestras diferencias con él no se conviertan en obstáculos, sino que le ayuden en su camino hacia la perfección.

Si siempre hacemos esto, entonces siempre y nunca dejarán de causar problemas en el matrimonio, e incluso las cosas que nos molestan nos ayudarán a crecer más juntos.

Pronto volveré a tener noticias tuyas,

Lily

"Es tan difícil cambiar"

Querida Julie:

La primera vez que conocí a mi marido, estaba dando una charla a un grupo de amigos en su modesto apartamento de Central Park West. Su tema era *la disposición al cambio*, que es también el primer capítulo de su gran obra, *Transformación en Cristo*[78].

No puedo describir la impresión que me causó su conferencia. Por primera vez en mi vida, descubrí la clave del progreso moral y espiritual: la disposición al cambio. Salí de su conferencia en un estado de euforia y gratitud que no se ha borrado de mi memoria hasta el día de hoy.

Pero la vida iba a enseñarme que tener una llave no es lo mismo que saber utilizarla correctamente. De hecho, cuando miro hacia atrás en mi vida, veo

---

78 Dietrich von Hildebrand, *Nuestra transformación en Cristo: Sobre la actitud fundamental del cristianismo* (Madrid: Encuentro, 1996).

que la falta de disposición al cambio ha estropeado gran parte de mi desarrollo espiritual.

En cierto sentido, todos parecemos *solterones*, personas que nunca nos hemos adaptado a vivir con los demás. Tenemos maneras fijas y un horror a cambiarnos a nosotros mismos (junto con una pasión por cambiar a los demás). Conozco a personas que se toman tan en serio los detalles insignificantes que una cuchara colocada en el cajón equivocado provoca una especie de terremoto.

Incluso en el matrimonio, la mayoría de nosotros consideramos implícitamente que *nuestra manera* es la mejor. Cuando se nos desafía a cambiar, nuestra primera reacción suele ser: "Eso es asunto mío" o "Déjame en paz" o "Soy una persona libre y tengo derecho a hacer las cosas como quiera". Es curioso lo muy, muy difícil que nos resulta a los pobres seres humanos cambiar hasta en las cosas más nimias. (Obviamente, me refiero a cambios a mejor. Nunca debemos ceder a la voluntad de hacer el mal de nuestro ser querido: eso no sería amor, sino mera debilidad).

Nos resulta difícil cambiar a mejor porque estar dispuestos a cambiar significa luchar contra nuestra propia voluntad. Esta es una gran fuente de conflictos en el matrimonio. Por mucho que nos gustaría ser grandes amantes, debemos reconocer que amamos más nuestra propia voluntad. Amamos a Dios, hasta cierto punto; amamos a nuestro marido, hasta cierto punto. Pero, como señaló Kierkegaard, nuestra voluntad más querida suele ser y seguir siendo nuestra propia voluntad[79].

Solo una cosa lleva a las personas a estar dispuestas a cambiar: el amor. El amor puede derretir el corazón más frío, haciéndolo fluido y maleable. ¡Qué liberación del encierro en uno mismo pocer ir en contra de nuestros propios deseos por amor! El amor hace que morir a mi voluntad sea dulce, aunque puede ser que esta dulzura solo se disfrute después de una larga lucha.

Tu amor por Michael es grande y el suyo por ti también. Así que no dudo de que ambos estaréis a la altura del desafío del amor y pronto aprenderéis a estar siempre dispuestos a cambiar por vuestro amado.

Con mi más afectuoso cariño,

Lily

---

79 Cfr. Søren Kierkegaard, *La pureza de corazón es querer una sola cosa*, trad. y est. introd. de Luis Farré, 2.ª ed. (Barcelona: Pensódromo 21, 2018), esp. el cap. "Barreras para querer una sola cosa".

"Tal vez debería dejar mi trabajo"

Querida Julie:

Te enfrentas a un dilema complicado sobre el trabajo, sobre todo a medida que os resulta más difícil compaginar las exigencias del matrimonio y el hecho de que ambos tengáis un empleo. Es una lucha que comparten demasiadas mujeres trabajadoras hoy en día. ¿Cómo vais a pagar las facturas si solo trabaja Michael? ¿Y cómo podéis seguir trabajando los dos y seguir teniendo una vida familiar decente?

No se trata de si las mujeres deben trabajar, porque las mujeres siempre han trabajado, ¡y de qué manera! Criar a los hijos y mantener la casa es verdaderamente trabajo. Pero los cambios sociales de las últimas décadas significan que ahora las mujeres compiten con los hombres fuera de casa, a veces en puestos antes reservados a los hombres.

Preguntas si las esposas deberían trabajar fuera de casa. No puedo responder con un sí o un no definitivos. Todo depende de la situación concreta de la mujer, de la llamada que Cristo le hace como mujer individual. En una palabra, depende del tema que se le presente.

En nuestra sociedad, la inmensa mayoría de las esposas sin hijos trabajan. En principio, no tengo nada en contra. De hecho, yo misma pasé treinta y seis años como profesora universitaria, así que conozco tanto las ventajas como los problemas de las mujeres profesionales.

Algunas mujeres simplemente tienen que trabajar: sus maridos están enfermos, en paro o no ganan lo suficiente. Pero otras buscan una carrera porque odian las tareas domésticas y prefieren dejar su casa y sus hijos en manos de otros en lugar de hacerlo ellas mismas. (Irónicamente, suelen acabar trabajando en una oficina todo el día y luego tienen que volver a casa y ocuparse también de las tareas domésticas).

El trabajo fuera de casa puede ser más llamativo, más emocionante: te sientes en medio de las cosas, con la vida palpitando a tu alrededor. Ganas un sueldo que, para mucha gente, significa éxito y realización.

Sin embargo, estas ventajas van acompañadas de problemas. Estoy seguro de que a estas alturas Michael y tú sois plenamente conscientes del problema principal: tu trabajo puede convertirse en el tema central de tu vida. Sé por experiencia que es muy difícil trabajar a tiempo completo y mantener el matrimonio absoluta y completamente en primer plano, donde debe estar. En el trabajo, las cuestiones de competencia, promoción y éxito profesional claman por el primer puesto.

Este es un buen momento para que Michael y tú intentéis aclarar vuestras prioridades y os deis cuenta de que, aunque tengáis que trabajar para llegar a fin de mes, vuestra relación mutua (y más adelante con los hijos que podáis tener) debe ser el núcleo humano de vuestros corazones. Con este criterio, podrás calibrar si tu trabajo está haciendo más mal que bien y entonces tú y Michael podréis elegir en consecuencia.

Con todo mi amor,
Lily

"Michael entró en un mal momento"

Querida Julie:

Los seres humanos somos criaturas extrañas. Cuando cenamos con el presidente de la empresa, nos preparamos cuidadosamente para el encuentro, repasando lo que diremos y cómo lo diremos. Prevemos dificultades, nos preparamos para los problemas.

Es lo apropiado; está en juego nuestra carrera.

Y sin embargo, tras un largo día de separación, cuando estamos a punto de volver a ver a la persona más importante de nuestra vida, rara vez nos preparamos en absoluto. Entramos en casa dando por sentado que podemos *venir como estamos*.

Esto es un grave error.

Siempre debemos prepararnos para el tiempo que pasamos con nuestro cónyuge en casa. Como hemos dicho antes, no recomiendo una falsa fachada, sino un deliberado recogimiento del alma, unos momentos de meditación en los que recuerdes el precioso regalo del amor y de tu matrimonio con Michael.

Especialmente porque era San Valentín, supusiste que cuando Michael volviera del trabajo, te saludaría radiante y te expresaría su alegría por estar por fin contigo después de largas horas de trabajo.

Resultó lo contrario.

Michael estaba tenso, agotado y muy necesitado del ambiente cálido de un hogar cariñoso. También había supuesto (¡demasiado a la ligera!) que te encontrarías en la más apacible de las disposiciones, aunque tu día en la oficina también había tenido sus problemas e irritaciones.

Si ambos os hubierais recogido para el encuentro, habríais estado preparados para responder a vuestras expectativas fallidas con comprensión amorosa. En lugar de eso, cada uno se precipitó esperando amor y consuelo —no irritación— y cuando no se prestó una atención plena y comprensiva a sus propios problemas, cada uno reaccionó a su decepción atacando verbalmente.

En lugar de ser el consuelo y el refugio que cada uno necesitaba, el hogar se volvió tan desagradable como lo había sido el resto del mundo. La velada se echó a perder.

La próxima vez, intenta serenarte antes de saludar a Michael y pídele que intente hacer lo mismo. Estoy segura de que ambos os alegraréis de la diferencia que esto supone en vuestro matrimonio.

Espero volver a tener noticias tuyas pronto. Mientras tanto, saluda cordialmente a tu querido Michael.

Lily

"¿Deberíamos traer nuestros problemas del trabajo a casa?"

Querida Julie:

Hay personas que se involucran tanto en su trabajo que nunca lo abandonan. Incluso están físicamente presentes en casa, pero espiritualmente ausentes porque siguen pensando en su trabajo: "tienen ojos y no ven; tienen oídos y no oyen"[80], lo cual es muy duro para su familia.

Esta es una de las principales amenazas que el trabajo supone para tu matrimonio. Así que cuando os toque estar el uno con el otro (o con cualquier otra persona, para el caso), aparta de tu conciencia las preocupaciones relacionadas con el trabajo y concéntrate en la persona que tienes delante: sus palabras, sus preocupaciones, sus necesidades. Escúchale e intenta estar realmente presente para él.

Hace algún tiempo, leí una historia muy conmovedora sobre un hombre que lograba esto de una forma muy poco habitual.

80 Sal 115, 5-6.

La mayoría de las tardes, antes de entrar en su casa, se paraba en un arbusto que había justo delante de la puerta y fingía depositar en él un paquete invisible que contenía sus preocupaciones y afanes del trabajo. De este modo, dejaba simbólicamente sus problemas fuera (yo diría, *en manos de Dios*) para que no perturbaran su vida familiar ni agobiaran a sus hijos pequeños. Cada mañana, al volver a salir para el trabajo, hacía como que volvía a recoger su paquete y solo entonces se permitía empezar a preocuparse por sus problemas.

Al parecer, en esas tardes en las que dejaba sus problemas fuera de la puerta, este hombre de negocios pensaba que traerlos a su casa no era el tema. Al igual que él, ambos deberíais intentar discernir el tema de la velada: si es prudente sacar a relucir problemas importantes o aplazarlos para un momento mejor. (Subrayo la palabra importante, porque deberíais hacer todo lo posible por no agobiaros mutuamente con pequeñas irritaciones).

A veces es mejor dejar las preocupaciones en el trabajo; otras, es esencial que las compartáis entre vosotros para que puedan sobrellevarse más fácilmente. Como siempre, utiliza la discreción para descubrir el tema: ¿Cuál es el estado de Michael y cuál el tuyo? ¿Alguno de los dos está tan cansado, agitado o desanimado que los problemas laborales agravarían una situación ya de por sí tensa? ¿Arruinarían las preciosas horas que pasáis juntos? ¿O el hecho de no hablar de ellos os sumiría en tal confusión interior que os causaría un daño aún peor?

Tendréis que responder a esas preguntas vosotros mismos en su momento y debéis estar preparados para que las respuestas difieran de un día para otro. Siempre que seáis sensibles al tema que se os plantea en este momento, creo que os irá bien decidir si en un momento determinado es mejor traer los problemas del trabajo a casa o dejarlos en un arbusto fuera de casa.

Con cariño,

Lily

"Estoy haciendo muchas horas extras"

Querida Julie:

Que tu trabajo se haya vuelto tan agobiante me apena e imagino que este clima primaveral temprano lo hace aún más agobiante por contraste.

Es obvio que el trabajo está muy presente en tu mente y comprendo cómo debes sufrir cuando llegas a casa agotada después de largas horas en la oficina, solo para encontrarte con que todavía hay que hacer la compra... y luego viene cocinar, fregar los platos y lo demás. Es fácil olvidar que la comida que compartes con Michael es uno de los momentos más importantes del día.

No es de extrañar que la otra noche llegaras a casa deseando poder engullirte un bocadillo tú sola y relajarte. Seguro que es difícil hacerle ver a Michael que te alegras de estar con él cuando, en realidad, estás acosada, agobiada y fatigada por el ajetreo de la vida profesional.

Es una lucha diaria para un cónyuge trabajador (ya sea marido o mujer) mantener el matrimonio en el centro de la vida. Aunque lo consiga en teoría, puede fracasar en la práctica debido a las constantes exigencias de la vida profesional.

Siempre habrá emergencias en el trabajo, momentos en los que se te pide que des más de lo estrictamente necesario. En esos momentos, es especialmente fácil empezar a hacer las cosas en casa sin cuidado.

Sin embargo, si mantienes el corazón en tu matrimonio, pronto te das cuenta de que los compañeros que no comparten tu sabio sentido de las prioridades corren delante de ti, porque están dispuestos a sacrificar su vida personal por su trabajo. Se nota que su corazón y su alma están en su trabajo, no en su vida familiar. Su profesión es su dios.

Siempre di la máxima prioridad a mi matrimonio, pero las consecuencias para mi carrera fueron enormes. Constantemente me recordaban que una mayor dedicación a la universidad (lo que normalmente significaba un tedioso trabajo de comité) aumentaría enormemente mis posibilidades de ascenso. Fui una mujer de carrera que dio prioridad a mi marido, pero no fue fácil. (Sin embargo, en retrospectiva puedo decirte lo contenta que estoy de haber dado prioridad a nuestro matrimonio).

No te estoy aconsejando que hagas tu trabajo sin cuidado. Ni mucho menos. Desde el momento en que estás en la oficina, tu tema debe ser realizar las tareas asignadas con toda tu concentración y talento.

Más bien estoy abordando la cuestión que planteé en la carta que os envié el mes pasado: ¿debe ser el trabajo el centro de vuestras vidas? ¿Debe estar por encima de vuestro matrimonio en vuestra lista de prioridades?

Si no fijáis la respuesta firmemente en vuestra mente, va a ser difícil (en el día a día) mantener claras vuestras prioridades.

Conozco a algunas mujeres que resolvieron la dificultad abandonando su sueño de una carrera profesional de éxito y entregándose plenamente a sus familias. Ahora, cuando miran atrás en sus vidas, no se arrepienten de la decisión que tomaron. Cuando la tensión entre sus deberes profesionales y sus responsabilidades familiares se hizo demasiado grande, tuvieron la sabiduría de sacrificar su trabajo a su vocación.

¡Qué hermoso es tener un marido devotamente unido a su mujer, un marido que reconoce que ella ha sido el gran regalo de su vida! ¡Qué hermoso es tener hijos que aman y respetan a sus padres y han desarrollado admirablemente sus talentos!

Esta es la gran recompensa de los esposos que han descubierto que el amor es la mayor de las vocaciones. En uno de sus últimos libros, Malcolm Muggeridge captó exactamente este pensamiento: "Todo lo que puedo afirmar haber aprendido es que la única felicidad es el amor, que se alcanza dando, no recibiendo" [81].

Os envío a los dos todo mi afecto,
Lily

---

81 Malcolm Muggeridge, *Chronicles of Wasted Time* (Vancouver: Regent College Publishing, 2006), p. 18.

"Nuestro matrimonio no ha sido el mismo últimamente"

Querida Julie:

Tus últimas cartas no han sido muy alegres. Después de casi dos años de vida matrimonial, de alguna manera las cosas no parecen tan luminosas como cuando os enamorasteis por primera vez. Sospecho que el problema es que os habéis acostumbrado a vivir juntos. El glamour de la novedad, la tremenda aventura de compartir la intimidad de la vida de otra persona ha desaparecido y poco a poco os habéis instalado en la rutina.

Vuestro noviazgo fue una época feliz: teníais alas espirituales; irradiabais alegría y gratitud; estabais totalmente despiertos. Ningún esfuerzo era demasiado grande; ningún problema te asustaba. ¡Cómo te latía el corazón al pensar en ver a Michael! Ahora te preocupa más si llegará pronto a casa y la cena no estará lista.

Sin embargo, vuestro matrimonio debería ser aún más bonito que vuestro periodo de noviazgo. Si no fuera así, ¿para qué casarse?

Desde vuestra boda, Michael y tú os habéis acostumbrado a estar juntos. Es normal, es lo que se espera y por eso ya no es tan emocionante y reconfortante.

Parece que los dos habéis caído en un estado de somnolencia espiritual. Dais las cosas por sentadas y ya no agradecéis los dones recibidos. Como un gusano que se cuela en una manzana, la costumbre se ha colado en tu matrimonio.

Seguro que has descubierto que el hábito es un peligro tremendo que amenaza no solo el matrimonio, sino todas las grandes cosas de la vida. El hábito es aún más peligroso por tener muchos puntos buenos. Como una especie de segunda naturaleza, nos permite hacer muchas cosas fácilmente y con un mínimo de atención. (Imagina lo difícil que sería conducir si tuvieras que esforzarte constantemente para recordar qué hacer a continuación: qué pedal pisar, cuándo cambiar de marcha, etc.).

Pero por muy deseables que sean los hábitos en la vida práctica, pueden ser desastrosos en el matrimonio. Cuando uno se rige por la costumbre, hace los mismos gestos y lleva a cabo las mismas tareas, pero resultan vacías porque no está totalmente atento mientras las hace.

Estar con los demás exige estar siempre alerta, despierto, presente. Sabes lo frustrante que es cuando estás con otra persona y tienes la sensación de que está en otra parte. Aunque diga "sí", "ajá", "claro", parecen solo palabras mecánicas.

Estoy convencida de que la costumbre es una de las mayores amenazas para el matrimonio. Es como un polvo gris que lo empolva todo, quitándole brillo y belleza.

Soy viuda y siempre he odiado los hábitos espirituales; y sin embargo, cuando miro hacia atrás en mi propia vida, tengo todos los motivos para llorar por las incursiones que esta enfermedad espiritual hizo en mi matrimonio. Cuántas veces, recuerdo ahora, di las cosas por sentadas y dejé de experimentarlas con la alerta agradecida típica del amor verdadero.

A menos que le hagas la guerra a la costumbre, tu matrimonio quedará atrapado en su telaraña mortal. Diariamente, debes tratar de sacudirte los hábitos espirituales y darte cuenta de nuevo del tremendo regalo que es tu matrimonio con Michael, de cómo lo anhelabas, de lo impaciente que eras, de lo abatida que estabas cuando temías que nunca te sería concedido.

Ahora, Dios te ha dado este regalo. Como una flor que hay que regar todos los días, riega tu amor por Michael con gratitud y recogimiento. Dale gracias a Dios por ello y prométeme que cuidarás esta frágil planta con ternura y gran atención. Piensa por un momento en lo terrible que sería perder a tu amado por la muerte; imagina cómo lamentarías tu actual somnolencia espiritual.

Estoy segura de que, con la ayuda de Michael, podrás liberarte de la telaraña mortal de la costumbre y hacer de cada día un tiempo en el que puedas elevar tu corazón en agradecimiento a Dios por el gran regalo de Michael y de tu matrimonio con él.

Como dijo Kierkegaard, "en el Cielo no habrá hábitos"[82]. Y sin duda, el matrimonio está destinado a ser una antesala del Cielo.

Con todo mi cariño,
Lily

---

82 Søren Kierkegaard, *Las obras del amor: Meditaciones cristianas en forma de discursos*, trad. Demetrio G. Rivero, rev. Victoria Alonso (Salamanca: Ediciones Sígueme, 2006), p. 58.

"Ha sido difícil vivir con él esta semana"

Querida Julie:

¡Qué mala semana has tenido! También siento oír que Michael ha estado distante e irritable. Últimamente, las cosas no le han ido muy bien. Así que puedo entender por qué hoy mis palabras sobre tu especial visión Tabor de Michael suenan huecas y mi elogio de la belleza del matrimonio parece poco realista.

Tus comentarios me recuerdan algunas de las críticas que recibió el libro de mi marido, *Matrimonio: el misterio del amor fiel*[83]. Algunos dicen que propone un ideal de matrimonio tan elevado que es inalcanzable: una visión de cuento de hadas, un libro solo para recién casados. Peor aún (han dicho), su alabanza de la grandeza del matrimonio podría llevar a las parejas a creer que hay pocas dificultades en el matrimonio. Esto podría hacer que se desanimaran demasiado rápido cuando surgieran los problemas y llegaran a la conclusión de que su amor era

---

83 Dietrich von Hildebrand, *Marriage: The Mystery of Faithful Love* (Manchester, NH: Sophia Institute Press, 1992).

una ilusión en primer lugar y que no merecía la pena salvar su matrimonio.

¡Qué error tan catastrófico! Nuestras imperfecciones nos acompañan allá donde vamos, incluso en nuestro matrimonio, por hermoso que sea. Solo una pura ilusión podría creer que en el momento en que una persona se case con un corazón lleno de amor, todos sus defectos —su orgullo, egocentrismo, voluntarismo y mediocridad— se evaporarán.

Somos seres humanos muy imperfectos. Cuanto mayor me hago, más me doy cuenta de que "sin Cristo, no podemos hacer nada"[84]. Por mucho que Michael y tú anheléis el amor —por mucho que estéis hechos para el amor—, los conflictos pueden surgir en vuestro matrimonio con una rapidez asombrosa. Era inevitable que pronto descubrierais que sois muy malos amantes cuando se trata de vivir el amor, día tras día, invierno y verano.

El próximo viernes es Viernes Santo, el día en que la Iglesia conmemora la muerte de Cristo en la Cruz. Tras la crucifixión de Cristo, los Apóstoles sufrieron días de desolación porque la misión de Cristo parecía haber terminado en una derrota total. Pero, ¿cómo iban a olvidar Pedro, Santiago y Juan la Transfiguración de Cristo en el monte Tabor, que les había revelado su divinidad?

Al igual que los apóstoles después de la crucifixión, en estos momentos estás experimentando la

---

84 "El que permanece en mí y yo en él, ése da mucho fruto, porque sin mí no podéis hacer nada". Jn 15, 5.

oscuridad, que es inevitable en el matrimonio. Lo decisivo en esos momentos es recordar la gloriosa visión de Michael en el Tabor que se te concedió en el momento de enamorarte. Lo que viste entonces, aunque ahora pueda parecer una ilusión, era el verdadero Michael. Tu visión del Tabor fue una visión válida, no un producto de tu imaginación.

Supongamos que no hubieras tenido esa visión que encendió tu amor por Michael y que no tuvieras un ideal sublime de matrimonio. Si ese fuera el caso, ¿por qué deberías sacrificarte por ello ahora? ¿Por qué luchar por algo por lo que no merece la pena luchar?

Como he dicho antes, algunas personas criticaron el libro de mi marido porque propone un ideal de matrimonio elevado.

Se equivocaban.

Solo unos ideales matrimoniales extremadamente elevados permitirán a las parejas superar los momentos difíciles. Cuando el mar está agitado, es doblemente importante que el capitán mantenga la vista fija en el faro que marca el puerto seguro. La belleza y la grandeza del matrimonio deben ser vuestro faro constante, precisamente porque aún estáis muy lejos de la orilla.

Tu fidelidad a los ideales del amor y del matrimonio os dará a ti y a Michael el valor y la fuerza para triunfar. Si abandonáis estos ideales, ¿cómo sobrevivirá vuestro amor? Una visión mediocre del matrimonio conduce a un matrimonio mediocre y la mediocridad condena al matrimonio.

¡Cuántos corredores de bolsa de Wall Street están dispuestos a trabajar febrilmente toda la noche con tal de ganar unos miserables dólares más! ¿No deberíais estar dispuestos a esforzaros aún más por salvar, profundizar y mejorar lo más importante (humanamente hablando) que tenéis: vuestro amor mutuo? ¡Qué equivocados están los derrotistas que anticipan tanto los problemas y las decepciones que enfocan el matrimonio como un ejercicio ascético que simplemente hay que soportar!

Vale la pena luchar por el matrimonio y ningún sacrificio, ningún esfuerzo debe considerarse demasiado grande para alcanzar el noble objetivo de una unión perfecta entre los cónyuges.

Cuando se le pase el enfado a Michael, estoy segura de que no tendré que convencerte de esto. En este momento, lo importante es que fijes este objetivo tan firmemente en tu mente que nunca dejes que se desplace, ni siquiera por los más graves malentendidos. Especialmente en este tiempo santo, recuerda que a la oscuridad del Viernes Santo siguió pronto la luz gloriosa y salvadora de la Resurrección en la mañana de Pascua.

Del mismo modo, la oración, la paciencia y el amor fiel y tierno llevarán a vuestro matrimonio a través de estos momentos oscuros hasta la hermosa luz que brilla al otro lado.

Mucho amor para ti y para tu ser querido,
Lily

"Su matrimonio parece tan perfecto"

Querida Julie:

Justo esta mañana recibí tu carta contáncome cómo tú y Michael estáis deprimidos por el almuerzo que tuvisteis con los DeLisle. Qué irónico que una tarde agradable con amigos pueda convertirse en una ocasión para la angustia. La alegría que sentís el uno por el otro os disgusta a los dos, porque —y admiro que lo admitáis con sinceridad— les envidiáis.

Parecen haber conseguido lo que muy pocas parejas logran: una armonía perfecta, una sincronización que te recuerda a un dúo perfecto. De repente, todas las pequeñas molestias y discusiones cotidianas que surgen en tu matrimonio saltan a la luz del día y ves lo lejos que estáis Michael y tú de la unidad perfecta. Esto no me sorprende. No olvides que no todos los matrimonios tienen exactamente las mismas dificultades. Algunos seres humanos tienen temperamentos fáciles y agradables (Christine tiene una de las disposiciones más amables que he conocido, lo cual es una gran ayuda en un matrimonio). Michael y tú no sois tan apacibles, pero tampoco estáis en guerra con vosotros mismos de la mañana a la noche, lo que también dificultaría mucho el matrimonio.

Así que tal vez deberías preguntarte: "¿Cuál es nuestro tema ahora?". Y considera tu angustioso almuerzo como otra situación que te da a elegir entre la respuesta correcta o la incorrecta. La respuesta equivocada sería bajar los brazos con desánimo: "Tal vez otros puedan hacerlo, a ellos les tocó una mano mejor. Con nosotros es inútil". La respuesta correcta es dejar que el hermoso matrimonio de George y Christine te convenza de que la verdadera armonía entre los cónyuges es realmente alcanzable.

Cuando te desanimes, intenta recordar la historia de san Agustín, quien, antes de convertirse, oyó hablar de las maravillas que habían logrado los cristianos y exclamó: "Si otros pueden hacerlo, ¿por qué no yo?"[85]. Y luchó aún con más valor, con la gracia de Dios, para liberarse del pecado.

Sin duda, vuestro matrimonio puede mejorar en muchos aspectos. Pero este hecho es en realidad mucho menos importante que vuestra continua re-

---

85 Cfr. Agustín de Hipona, *Confesiones* VIII, 8, 19, en *Confesiones*, ed. y trad. Ángel Custodio Vega, 7.ª ed. (Madrid: Biblioteca de Autores Cristianos, 1979), p. 329: "¿Qué es lo que nos pasa? ¿Qué es esto que has oído? Levántanse los indoctos y arrebatan el cielo, y nosotros, con todo nuestro saber, faltos de corazón, ved que nos revolcamos en la carne y en la sangre. ¿Acaso nos da vergüenza seguirles por habernos precedido y no nos da siquiera el emularles?"

solución de levantaros después de cada caída y declarar: "Ahora empezamos de nuevo".

Un matrimonio imperfecto que se esfuerza continuamente por profundizar en su armonía y su amor es mucho mejor que una pareja que cree haber alcanzado la perfección y se instala en una petulancia complaciente. Estoy segura de que George y Christine no lograron su unidad de la noche a la mañana sin grandes sacrificios y sufrimientos. Como en cualquier gran relación amorosa, la unidad surgió de su firme voluntad de seguir mejorando y solo continuará mientras mantengáis esa determinación.

Independientemente de las dificultades concretas que aflijan a vuestro matrimonio, la paciencia amorosa, la buena voluntad y la oración (¡mucha oración!) os permitirán triunfar, siempre que ambos deseéis realmente la victoria, que sé que es lo que anheláis.

Deja que el ejemplo de George y Christine os lleve a Michael y a ti a practicar aún más ardientemente *el arte de amar*. La belleza que veis en otro jardín es una llamada para que cuidéis el vuestro con mayor amor y esmero.

Con el más profundo afecto,
Lily

"Tal vez lo critico demasiado"

Querida Julie:

Aunque te cueste darte cuenta en medio de todas tus luchas y pruebas, hay señales inequívocas de que el amor entre Michael y tú se está haciendo más profundo.

Una de estas señales es que has empezado a mirar tus propios defectos con honestidad y objetividad en lugar de concentrarte principalmente en los de Michael.

Es curioso lo fácil que es fijarse en los defectos de los demás, mientras pasamos alegremente por alto los nuestros. Una de las razones es que nuestra atención se dirige más fácilmente a cosas externas. Pero la razón más profunda es que conocerse a uno mismo es un proceso muy doloroso.

El peligro del narcisismo está profundamente arraigado en todos nosotros. Es una sensación maravillosa pensar que soy una persona excepcional: atractiva, agraciada, ingeniosa, inteligente, con talento, ¡ganadora! Es fácil caer cómodamente en todo tipo de ilusiones sobre uno mismo.

Mis defectos empañan esta imagen. ¿No es normal que intente mirar hacia otro lado? Prefiero concentrarme en los defectos de los demás, que no me duelen en absoluto (salvo cuando resulta que yo soy su víctima).

Has notado bastantes imperfecciones en la persona que amas. No hablo de cosas que Michael no pueda cambiar —como la forma de su nariz—, sino de cosas que están en su mano. Lo encuentras perezoso, impetuoso, propenso a perder los estribos, etc.

En lugar de hablar tranquilamente de estos problemas con Michael para ayudarle a mejorar, te has sorprendido señalándolos habitualmente e indicándole que te gustaría que los cambiara.

Cuando das rienda suelta a tus críticas de esta manera, no solo consigues muy poco, sino que Michael contraataca señalando con vehemencia tus propios defectos (como tu rapidez a la hora de criticarle). Esto suele degenerar en una discusión.

Gracias a Dios, has empezado a convertir estas derrotas en victorias (y sabes, estoy segura, que las mayores victorias son las conquistas sobre las derrotas). Estás aprendiendo una importante lección sobre la vida y, en particular, sobre la vida matrimonial: debemos empezar por nosotros mismos. (¡Ojalá los revolucionarios y los terroristas se dieran cuenta de esto!)

Lo curioso es que, al empezar por reformarnos a nosotros mismos, a menudo encontramos soluciones inesperadas a los problemas. Descubrimos que nuestras propias acciones irreflexivas provocaban las malas reacciones que deplorábamos en los demás. Y descubrimos que nuestras nuevas virtudes facilitan el cambio de los demás.

Nuestro gran ejemplo en este sentido es santa Mónica.

Tenía un marido insensible e irascible, pero en lugar de tratar de frenar su temperamento con críticas y reproches —que solo habrían aumentado su agravio—, ella superó su propio temperamento y aprendió a tener paciencia.

Esto tuvo dos resultados.

En primer lugar, a diferencia de los maridos de sus amigas, Patricio nunca se puso violento con ella, lo que le facilitó seguir intentando amarle como era debido.

En segundo lugar, el ejemplo de bondad de Mónica acabó por conquistar a Patricio, hasta el punto de que tuvo la alegría de ver a este pagano entrar en la Iglesia poco antes de su muerte.

Ella había desviado su atención principal de sus faltas a las suyas propias y trabajó para ser más santa ella misma. Vio que era mucho mejor concentrarse en las malas hierbas de su propio jardín antes de arrancar las del suyo. Había descubierto lo que siempre descubren los predicadores y misioneros de éxito: la santidad es más eficaz que la elocuencia.

Como santa Mónica, tienes muchas razones para estar esperanzada y animada. Y tu afán por perfeccionar tu amor por Michael me da una alegría continua.

Con mi más cálido afecto,

Lily

"Le pedí que me perdonara"

Querida Julie:

Qué alegría me dio saber que has puesto en práctica la humildad, pidiéndole perdón a Michael por haber sido tan crítica con él. Y qué hermoso que tu humildad no solo le haya conmovido profundamente, sino que le haya llevado a reconocer sus propias debilidades.

Como escribió el poeta francés Theophile Gautier: "El orgullo abandona el corazón humano en cuanto entra en él el amor"[86]. El amor es el sol que derrite el hielo de nuestro orgullo y nos permite decir: "Me equivoqué. Por favor, perdóname".

Solo quería decirte que tu carta me ha dado una alegría especial. Creo que pronto las cosas empezarán a ir mejor en tu matrimonio.

Con cariño,

Lily

---

86 Théophile Gautier, *Mademoiselle de Maupin*, nouvelle édition (Paris: Charpentier, Libraire-Éditeur, 1866), p. 315.

"¡Se olvidó de nuestro aniversario!"

Querida Julie:

Por tu carta deduzco que te ofendiste la semana pasada cuando Michael se olvidó de vuestro segundo aniversario, un día que significa tanto para ti, un día escrito con letras de oro en tu corazón y en tu memoria. No te saludó por la mañana con un "¡Querida, hoy es un gran día para los dos!"; te preguntó si te habías acordado de cancelar su cita con el dentista.

Debo confesar que me entraron ganas de reír cuando leí tu relato. Me ha vuelto a venir a la mente *My Fair Lady*. ¿Recuerdas la diatriba del profesor Higgins contra las mujeres y su pregunta dirigida a su amigo Pickering: "¿Por olvidar su aniversario usted la iba a armar?"[87].

Como era de esperar, Pickering (como la mayoría de los hombres) dijo que no lo haría. Como ves,

---

87 *My Fair Lady*. Dir. George Cukor. Guion de Alan Jay Lerner, basado en la obra *Pygmalion* de George Bernard Shaw. Warner Bros., 1964.

Michael no es el único hombre que ha *pecado* por olvidarse de una fecha importante. Como Michael, la mayoría de los hombres recuerdan pequeñas cosas, como sacar la basura, pero olvidan acontecimientos trascendentales, como los aniversarios. (¡Y algunos hombres se olvidan de sacar la basura!).

Que te hayas casado es tan importante para Michael como para ti, pero que fuera un viernes 21 de mayo es un hecho que le parece irrelevante. Sé que hoy en día mucha gente no estaría de acuerdo conmigo, pero estoy convencida de que esto no es más que el resultado de los ritmos psicológicos obviamente diferentes de hombres y mujeres.

Como mujer, tienes un fuerte sentido de lo concreto: una fecha concreta, una hora concreta. Michael, en cambio, es más abstracto, por eso tu atención al detalle a veces le pone de los nervios. Seguro que a menudo se pregunta: "¿Cómo puede ser tan exigente? ¿A quién le importa que la mesa esté bien puesta? Esas preocupaciones son insignificantes".

Según mi experiencia, las parejas modernas que niegan la realidad de estas diferencias psicológicas fundamentales tienen más problemas que las parejas que las reconocen y las utilizan con amor para enriquecerse mutuamente y enriquecer su matrimonio, poniendo en práctica la complementariedad mutua que he mencionado antes. Una de las cosas maravillosas y desafiantes del matrimonio es precisamente esta invitación a trascender tu propia estructura y tratar de comprender a tu cónyuge y crecer mejor como persona con él.

Piensa, por ejemplo, en tu sentido femenino del tiempo y de los detalles. Sin duda, ves algo importante en las horas y las fechas, pero también puedes tender a atascarte en estas preocupaciones temporales y culpar con demasiada facilidad a Michael si se le ocurre pasarlas por alto.

Michael también debería aprender a trascender su propia estructura masculina y a darse cuenta de que tu tacto concreto es un punto fuerte, en lugar de descartarlo como una *típica manía femenina*. Paradójicamente, cuanto más entienda tu visión de las cosas (la visión femenina, podríamos decir), más capaz serás tú de situarlo en la perspectiva adecuada. Al mismo tiempo, aprenderá a prestar más atención a los detalles y a ser sensible a tus preocupaciones.

Hay muchas otras áreas en las que tú y Michael podéis enriqueceros mutuamente. Michael parece compartir el talento natural masculino de separar su mente de sus emociones, mientras que tú tienes una hermosa fusión de corazón y mente, precisamente una de las características más admirables de la mujer.

Prestar atención a las virtudes de Michael te ayudará a incorporar a tu carácter femenino ciertos rasgos *masculinos* como la objetividad, la amplitud de miras y la valentía, sin por ello masculinizarte. A su vez, la atención cariñosa que Michael te preste le ayudará a sustituir su típica abstracción y frialdad masculinas por compasión y sensibilidad hacia los demás. No se volverá afeminado, sino que madurará su carácter de persona humana.

A medida que cada uno de vosotros incorpore las cualidades del otro sexo en su propia estructura, os haréis más humanos en la plenitud bíblica de este término (pues "creó Dios al hombre [...] varón y mujer los creó"[88]). Puedes ver esto en los grandes santos. Recuerda la gentileza y dulzura de san Francisco de Asís, la audacia y fortaleza de santa Catalina de Siena y santa Teresa de Ávila.

¡Qué bendición cuando, a través de la persona que amas, eres capaz de trascender tu visión limitada y estrecha de las cosas! Aprended a acercaros el uno al otro como el ciego se acercó a Cristo: decidle tiernamente a Michael: "¡Anhelo ver!". Luego, la próxima vez que se olvide de un aniversario, recuerda que no es señal de falta de amor, sino de las diferencias naturales entre hombres y mujeres. A medida que conozcáis mejor las estructuras psicológicas del otro, estoy segura de que esos problemas disminuirán en frecuencia.

Con mi más alegre amor,

Lily

---

88 Gn 1, 27.

"Intento comprender su punto de vista"

Querida Julie:

Tu carta toca precisamente lo que quería decir sobre cómo hombres y mujeres pueden enriquecerse mutuamente. Podrías haber perdido los nervios porque Michael se mostró indiferente ante la montaña de problemas prácticos a los que te enfrentabas para preparar la visita de tu madre. En lugar de eso, reprimiste tu ansiedad y no insististe en actuar de inmediato, sino que intentaste ver las cosas desde su perspectiva menos problemática, lo que os dio espacio a los dos para afrontar la situación con calma y realismo. Tu cariñosa reacción probablemente también ayudó a Michael a ser más receptivo a tus preocupaciones legítimas y a prestar a los problemas la rápida atención que necesitaban.

Ambos estáis aprendiendo a confiar en los mejores rasgos del otro, sin sucumbir a vuestras propias características debilidades. En lugar de discutir, cada uno dio un paso hacia el otro. Michael se detuvo antes de salir corriendo por la puerta y se paró para escucharte y mostrarte su preocupación sincera por tus problemas. Y tú no levantaste la voz ni le regañaste ni le agobiaste innecesariamente porque recordabas que le querías.

Te estás volviendo más mujer y Michael más hombre.

¡Qué maravilloso es este enriquecimiento mutuo del hombre y la mujer! Es —si se comprende y se vive adecuadamente— tan enriquecedor que podría decirse que las diferencias entre los sexos son realmente una invención divina muy especial. Os animo a seguir enseñándoos a ver más.

Siempre vuestra,

Lily

"Le estoy enseñando
a ser sensible"

Querida Julie:

El correo va lento estos días, pero aun así espero que esta carta te llegue antes de que te vayas de acampada el Día de los Caídos[89], sobre todo porque creo que me expresé mal en la carta que envié esta mañana.

Creo que terminé diciendo que deberíais "enseñaros a ver más". Me molesta la palabra enseñar, porque considerarte la maestra de Michael podría ser catastrófico para vuestro matrimonio.

Como has descubierto, el matrimonio es una escuela de carácter; pero el gran maestro en el matrimonio es el amor, no uno de los cónyuges disfrazado de maestro de escuela.

---

89 *Memorial Day* (Día de los Caídos) es una festividad de Estados Unidos que se celebra el último lunes de mayo para honrar a todos los militares estadounidenses muertos en cualquier guerra o servicio; también marca el inicio extraoficial del verano.

Ama a Michael y ayúdale a que te ame, pero nunca te erijas en maestra de Michael ni pienses que tu misión en la vida es cambiarle, corregirle, mejorarle o educarle. No pretendo excluir toda crítica; simplemente quiero decir que no debes ponerte por encima de Michael como su maestra (o viceversa), pues esto destruiría la preciosa igualdad que hace posible el amor conyugal y haría que vuestro matrimonio empezara a desmoronarse.

Te tengo siempre en mis pensamientos y oraciones,

Lily

"¿Por qué no me dice 'te quiero' más a menudo?"

Querida Julie:

Por favor, no te enfades demasiado con Michael por pensar que su ayuda en las tareas domésticas demuestra suficientemente su amor. La mayoría de los hombres se sorprenden cuando sus esposas esperan que les digan con frecuencia "te quiero".

No es que esos maridos no amen; es que creen que sus acciones hablan más alto que sus palabras y que, por tanto, declarar su amor es innecesario. "Después de todo", argumentan, "cuando éramos novios, mis declaraciones de amor eran necesarias para convencerte. Ahora estás convencida: estamos casados. Entonces, ¿para qué voy a repetir lo que ya te he convencido? Escucha mis hechos".

Esta lógica sería persuasiva si las palabras "te quiero" tuvieran un mero propósito informativo. Afortunadamente, no es así. Están destinadas a algo mucho más profundo: manifiestan un amor que pide ser manifestado repetidamente. De este modo, conservan todo su valor virginal cada vez que se repiten.

Con delicadeza, hazle saber a Michael que, del mismo modo que sus actos deben revelar continuamente su amor por ti, también deben hacerlo sus palabras. Las declaraciones de amor no pueden ser demasiado frecuentes. La repetición tiene un significado profundo en la música y en la vida y el matrimonio, en particular, debería ser una sinfonía de amor.

Con profundo afecto,

Lily

"He decidido trabajar solo a tiempo parcial"

Querida Julie:

A pesar de las dificultades que te causará, me alegro de que hayas decidido reducir tus actividades externas y aceptar solo un trabajo a tiempo parcial. Esto te permite seguir ganando dinero —que las parejas jóvenes suelen necesitar— al tiempo que te permite crear para los dos un hogar que será vuestro lugar de descanso, el lugar donde ambos experimentéis el amor.

Me doy cuenta de que ha sido una elección difícil y de que aún no estás segura de ella, pero anímate, porque pronto descubrirás que hay muchas alegrías ocultas en las pruebas que conlleva una decisión así.

Un amor más profundo por Michael será tu recompensa por renunciar a muchas de las comodidades y placeres adicionales que te proporcionaba tu salario a tiempo completo. Ya sabes lo vacía y efímera que es la felicidad que prometen las cosas compradas. Puede que ahora seáis más pobres —en términos de dinero—, pero seréis infinitamente más ricos el uno en el otro porque tendréis más del tiempo, que el amor necesita para prosperar.

Estoy convencido de que estáis a punto de experimentar de una manera nueva la profunda alegría que puede proporcionar el matrimonio. Con mucho amor,

Lily

"Ha estado tan enfrascado en su trabajo"

Querida Julie:

Parece preocuparte que Michael esté tan absorbido por su trabajo que solo venga a casa a relajarse entre horas de la oficina. Es un problema común, probablemente más notorio ahora que trabajas solo a tiempo parcial.

Muchos hombres tienen la tentación de medirse en función de su éxito profesional y pueden deprimirse fácilmente cuando sienten que son un fracaso en el trabajo. Además, como he mencionado antes, son muy conscientes de la responsabilidad de mantener a su familia y creen fácilmente que cuando lo han hecho, han cumplido con las exigencias del deber y pueden relajarse.

Esto es loable, pero también encierra un peligro sutil: que el trabajo se convierta en el centro de sus vidas y el hogar en el lugar donde cesan las obligaciones y tienen derecho a tomárselo con calma.

En el trabajo, Michael encuentra retos, emoción y novedad; puede ejercitar su talento y creatividad. Pero en el fondo, como todos los seres humanos, anhela algo más, algo infinitamente más profundo: el amor.

Sospecho que nuestro mundo es tan ruidoso para encubrir nuestro vacío espiritual y psicológico para ayudarnos a olvidar lo tristes que estamos. Detrás de la fachada de música a todo volumen y de las prisas y el clamor, está presente la inmensa tristeza de unas vidas que no tienen ningún propósito trascendente. ¿Cuánta gente hay que no conoce (y ni siquiera busca) el sentido de la vida? ¿Cuántas personas hay que nunca conocieron a alguien que las ame de verdad y que les permita alegrarse por el hecho de existir?

Debes recordar constantemente la importancia de tu papel como cónyuge. Sin duda tiene sus preocupaciones y sus tareas tediosas que a menudo parecen insignificantes o aburridas. Esta es una de las razones por las que las feministas radicales denuncian el matrimonio como una cárcel en la que el totalitarismo masculino ha encarcelado al *segundo sexo*[90].

Pero omiten lo esencial: la verdadera misión de la mujer de crear un lugar de amor y alegría, que nadie puede encontrar en el trabajo profesional. Los humanos no son máquinas; son personas. Nadie que

---

90 En referencia al libro de Simone de Beauvoir, *El segundo sexo*, que es la obra fundacional del feminismo radical. Simone de Beauvoir, *El segundo sexo* (*Le deuxième sexe*), pról. Teresa López Pardina, trad. Alicia Martorell, 6.ª ed., Madrid/Valencia: Cátedra / Universitat de València, 2015.

comprenda la naturaleza de la persona puede limitar su horizonte a las actividades exteriores.

Como esposa, debes colaborar con Michael en dar el tono espiritual; debes ser un fuego que caliente a los que se acercan a ti. En un buen hogar, todos los miembros de la familia se sienten cobijados en el dulce conocimiento de que son amados y comprendidos; pueden bajar sus defensas.

Cuanto más consigas ayudar a crear este ambiente, más deseará Michael volver a casa. Se dará cuenta de que, por muy absorbente y satisfactorio que sea, el éxito en su trabajo palidece en comparación con el calor amoroso del hogar y la alegría de la comunión de almas que experimenta contigo en casa.

Así que intenta que no te molesten las largas jornadas de trabajo de Michael y nunca dejes de elogiarle por sus logros.

Persistid en vuestro amor y el amor triunfará.

Os envío todo mi afecto,

Lily

"Le dio mucha importancia"

Querida Julie:

Probablemente recuerdes mi descripción del matrimonio como esa relación humana en la que cosas que en sí mismas son moralmente irrelevantes se vuelven moralmente relevantes: el amor dota a todo de importancia.

El enfado de Michael por tu retraso de media hora es un buen ejemplo. Como tú no eras responsable de las largas colas en el banco ni del atasco junto al parque, la irritación de Michael era claramente desproporcionada con respecto a tu culpa. (Estoy segura de que este espantoso calor veraniego empeoró las cosas para él, pero recuerda también que Michael es una persona extremadamente puntual y tiende a ver la impuntualidad no solo como una falta de cortesía, sino incluso como una falta de amor).

Sin embargo, independientemente de lo exagerada que fuera su reacción, una vez que viste su enfado, deberías haberte disculpado en lugar de defenderte y exclamar: "¡Michael, estás montando un escándalo por nada!". Tu afirmación le provocó aún más y le llevó a acusarte de no llegar nunca a tiempo, lo que, comprensiblemente, también te enfadó a ti.

La paz solo llega cuando nos preocupamos sobre todo de nuestros propios defectos, no de los de los demás. No hay nada más molesto que ser acusado uno mismo cuando se ha reprochado legítimamente a otro. Y no hay nada más desarmante que oír a alguien decir: "Sí, tienes razón. Perdóname. Intentaré hacerlo mejor a partir de ahora".

La impuntualidad y mil otras irritaciones trabajarán para separarte de Michael. En el matrimonio, esos roces son inevitables, por eso el tema siempre presente del matrimonio debe ser el amor. Es el amor lo que te llevará a evitar hacer cosas que irriten a Michael. Y cuando, de todos modos, ocurran cosas molestas, el amor hará que te apresures a disculparte, a asegurarle a tu amado preocupado que no se podía haber evitado y a añadir cuánto lamentas haberle causado preocupación.

El hecho de que Michael se disculpara después de calmarse demuestra que, aunque (como tú) sigue teniendo lapsus ocasionales, está creciendo en humildad y perdón, elementos esenciales de todo amor duradero.

Así que yo no me preocuparía mucho por pequeños contratiempos como esta riña por tu impuntualidad. Sigue habiendo problemas menores, pero creo que mientras los dos mantengáis vuestra buena voluntad, podréis transformar todas vuestras experiencias buenas (así como las malas) en regalos de gran valor para el otro, porque están llenas de amor mutuo.

Con afecto,
Lily

"No puedo ignorar todos sus defectos"

Querida Julie

Tu respuesta a mi última carta me hace preguntarme si me expresé adecuadamente en un punto. Sí creo que es mejor disculparse cuando uno se equivoca y soportar en silencio los deslices ocasionales de Michael; sin embargo, no creo que debas guardar silencio sobre los fallos habituales que Michael podría corregir. No son buenos ni para ti ni para Michael ni para vuestro matrimonio.

Amas a Michael y el amor siempre busca la perfección del ser amado. Sin embargo, Michael no puede cambiar un comportamiento erróneo del que no es consciente. Así que ten cuidado de no caer en cavilaciones o resentimientos sobre faltas que él no se da cuenta que tiene. Tienes que perdonarle; pero también debes, de alguna manera —sin regañar, sermonear o reñir— llamar suavemente su atención sobre esos defectos que pueden ser obvios para ti, pero que para él no lo son en absoluto. Espera un momento de tranquilidad y, con ternura, habla con él de los problemas que deben superarse para que vuestro matrimonio prospere.

A menudo se dice que el amor es ciego. ¡Qué tontería! Como ya he dicho antes, no es el amor el que es ciego, sino el odio. Solo el amor ve.

Cuando te enamoraste de Michael, viste tanto sus puntos buenos como sus puntos malos y concluiste acertadamente: "La bondad que veo es claramente su verdadero yo, la persona que está destinado a ser. Sé que a pesar de los defectos que estropean su personalidad, es fundamentalmente bueno". (¿No es ése el juicio implícito en tu última carta, cuando dijiste: "Cuando cede a su ira, simplemente no es él mismo"?).

Fíjate en que tu juicio implica no solo el reconocimiento de las virtudes de Michael, sino también la comprensión de sus debilidades y defectos. Por eso digo que el amor no es ciego; en realidad agudiza nuestra mirada. (Dios, que nos ama infinitamente, ve tanto nuestra bondad como cada una de las manchas oscuras que manchan nuestras almas).

Las personas que odian ya no pueden ver los puntos buenos de una persona. Juzgan con demasiada rapidez que "el mal que veo en esta persona es su verdadero yo; es mala hasta la médula". Quieres a Michael, pero tampoco puedes evitar sufrir sus defectos e imperfecciones. ¿Qué debes hacer al respecto? Una cosa es cierta: cerrar los ojos ante sus defectos y afirmar que le quieres tanto que solo ves bondad en él no sería verdadero amor, sino simple ilusión. El error contrario —porque ves sus defectos con tanta claridad— sería impacientarte de repente tanto con sus defectos que te olvidaras de su verdadero ser y perdieras la esperanza de que alguna vez cambie.

San Pablo nos dice que es deber estricto del enamorado creer que, a pesar de las dificultades y los retrasos, su amado alcanzará la victoria. Ya sea en el matrimonio, en la educación o al dar consejos, en el momento en que decimos a otra persona: "Me rindo, nunca cambiarás", ponemos un enorme obstáculo en su camino hacia la mejora. Por el contrario, tu amorosa convicción de que Michael alcanzará la victoria a su debido tiempo le dará el incentivo más poderoso para mejorar.

Por último, procura no reaccionar de forma exagerada ante los defectos de Michael porque te hacen sufrir. En otras palabras, oponte a sus defectos porque ofenden a Dios y perjudican a Michael, no porque te pongan de los nervios y "no puedas más". Como bien sabes, es increíble lo sensible que es Michael cuando tus críticas están motivadas por razones egoístas. En cambio, cuando sabe que tu crítica surge de un amor tierno, le causa una gran impresión. Cuanto más desinteresada seas al oponerte a los defectos de Michael, más posibilidades tendrás de ayudarle a superarlos.

Una vez más, descubres lo difícil que es amar de verdad y por completo. Requiere tal delicadeza de sentimientos, tal atención al alma del otro, tal preocupación desinteresada por su bien, que necesitamos la ayuda constante de Dios para alcanzar esa meta.

Vuestra experiencia matrimonial os demuestra que no sería prudente esperar alcanzarla en pocos meses, pero podéis acercaros cada día más. Sin duda, el mal genio de Michael seguirá molestándote y haciéndote sufrir. Pero intenta en esos momentos, con cariño y paciencia, meditar en la abnegación de la verdadera caridad que, como dice san Pablo, es "paciente, [...] es amable; no es envidiosa, no obra con soberbia, no se jacta, no es ambiciosa, no busca lo suyo, no se irrita, no toma en cuenta el mal, no se alegra por la injusticia, se complace en la verdad"[91].

¡Qué programa propone san Pablo! Ciertamente es difícil —todas las grandes cosas son difíciles—, pero con la ayuda de Dios, las grandes cosas también son posibles. Vuelvo a decir: dad gracias incluso por esta dificultad. Si en el matrimonio no se exigieran virtudes tan sublimes, ¿alguno de nosotros daría voluntariamente los pasos necesarios para adquirirlas?

Con afecto,

Lily

---

91 1 Cor 13, 4-6.

"Al colega de Michael solo le importa el dinero"

Querida Julie:

A pesar de las dificultades inherentes, estoy convencida de que la mayor fuente terrenal de felicidad humana es un matrimonio entre dos personas profundamente enamoradas. Lo siento por el colega de Michael, que parece esperar la felicidad del dinero. El éxito, el dinero y el poder son los típicos sustitutos modernos del gran y noble bien del amor-comunión con otro ser humano en el matrimonio.

Pero son pobres sustitutos y me pregunto si la gente finalmente recurre a ellos porque ve imposible alcanzar las alturas. Como Dante cuando se desvió del buen camino, la mayoría de los hombres "abandonan toda esperanza de ascensión"[92].

---

92 Dante Alighieri, *La Divina Comedia*, trad. Bartolomé Mitre, nueva ed. definitiva autorizada dirigida por Nicolás Besio Moreno, Buenos Aires: Centro Cultural "Latium", 1992, *Infierno*, canto III, v. 9, p. 15: "¡Oh, los que entráis, dejad toda esperanza!".

¿No te has sentido tú misma atraída a veces hacia sucedáneos del amor? Tus recientes preocupaciones por que la casa esté bien decorada y por convertirte en una anfitriona perfecta también podrían convertirse en sustitutos de esa felicidad en el matrimonio que proviene de profundizar en tu unión con Michael.

Has recurrido a estas preocupaciones en parte para ocuparte ahora que solo trabajas a tiempo parcial, pero tus cartas sugieren que también te has apasionado un poco por estas tareas. ¿Es posible que el olvido mutuo de la verdadera profundidad de vuestro amor os haya llevado a ti y a Michael a dedicar más tiempo y atención a otras actividades y menos tiempo y atención el uno al otro?

Recuerda lo hermoso que es estar con el otro frente al mundo. Esa es la realidad de vuestro amor, que permanece hoy en día, incluso cuando está algo oculto tras vuestras actividades diarias.

Una de mis alumnas afirmó una vez que era perfectamente feliz si se fumaba un cigarrillo y se tomaba un vaso de cerveza. Evidentemente, mi querida alumna había confundido estar satisfecha con ser feliz. Sin embargo, peor que esta confusión común es el hecho de que buscar placeres mediocres inclina a la persona hacia una vida sin grandeza ni amor.

Compara esta actitud con la de santa Teresa de Lisieux, que habla de la "inmensidad de sus deseos"[93]. Tu gran deseo de fortalecer tu matrimonio demuestra que ya has avanzado mucho para conseguirlo.

El contentarnos con nosotros mismos nos condena a la mediocridad; del mismo modo, el contentarnos con un matrimonio mediocre nos condena a la mediocridad. Un anhelo profundo de un matrimonio hermoso —atemperado por la paciencia y la buena voluntad— elevará tu matrimonio a alturas cada vez más sublimes a medida que pase el tiempo.

Allí descubrirás una riqueza incomparablemente mayor que la del colega de Michael o la de cualquier otra persona que no reconozca la grandeza del don del amor.

Rezaré para que Dios vuelva a despertar en tu alma la agudeza de tu amor por Michael y otorgue gracias a tu matrimonio con todas sus más ricas bendiciones.

Por favor, escríbeme pronto,

Lily

---

93 Santa Teresa del Niño Jesús, *Historia de un alma*, Ms A, cap. VIII, en *Obras completas*, ed. Conrad De Meester, 4.ª ed., Burgos: Editorial Monte Carmelo, 1997, p. 278.

"Nuestra vida íntima se está volviendo rancia"

Querida Julie:

Uno de los grandes peligros hoy en día es establecer una alternativa equivocada: trabajo o diversión. La mayoría de la gente llega a casa tan agotada que solo tiene un deseo: poner los pies en alto y relajarse (lo que suele significar ver la televisión). Pero esta alternativa (trabajo frente a diversión) deja de lado lo esencial: nuestra relación con las personas —en primer lugar con Dios, pero también con las personas que amamos—. Qué triste y empobrecida es una vida en la que esclavizarse y relajarse son los únicos polos de nuestra existencia.

Debo repetir lo que dije anteriormente: puesto que ahora estás en casa más que Michael, deberías intentar hacer de tu hogar un lugar en el que dé gusto estar, donde tu agotado marido descubra que la bendita relajación de vuestro amor común es infinitamente más gratificante que un tonto programa de televisión.

En demasiados matrimonios, el marido está tan absorbido por su carrera que cada vez presta menos atención a su esposa. (Por desgracia, hoy en día muchas esposas trabajadoras están siendo absorbidas de forma similar por su trabajo).

En tales matrimonios, una consecuencia desafortunada es que el único momento en que los maridos miran a sus esposas es en el dormitorio. Consideran la intimidad física como una relajación que les permite trabajar mejor al día siguiente.

Finalmente, la relación entre estos cónyuges se reduce a ver la televisión y dormir juntos. ("Mi marido solo quiere acostarse conmigo. Aparte de eso, no tiene ningún interés en mí").

¡Qué trágico empobrecimiento de la vida humana y qué mutilación del matrimonio! Podría llorar por esta destrucción de la hermosa relación que debe existir entre marido y mujer. Aunque tu propio matrimonio no ha caído en un estado tan terrible, tengo la sensación por tu última carta de que te encuentras deslizándote en esa dirección fatal.

Mucha gente da por sentado que una relación tan terrible es lo mejor que se puede esperar del matrimonio, pero no dejes que esta terrible desesperación te aflija.

La ternura, el interés amoroso y la profunda preocupación espiritual deben caracterizar todas las relaciones entre Michael y tú. Volved a dedicaros a los intercambios de opiniones que solían animaros a ambos. Durante la cena, habla con Michael de lo ocurrido durante el día. Compartid vuestros éxitos y derrotas, pedíos consejos, leeros mutuamente. Ahora que el calor feroz del verano está menguando, pasead juntos cogidos de la mano y disfrutad de nuevo de la belleza de estar juntos. Créeme, una vez que Michael supere la vergüenza inicial, le encantará esta atención especial y acudirá a ti con ganas de más.

Tu papel de esposa te exige que establezcas el tono espiritual. Como la mayoría de los hombres, Michael simplemente no puede hacerlo. Está tan inmerso en su trabajo en la oficina que se lleva ese ambiente a casa y le cuesta entrar en la tierna intimidad del hogar a menos que tú le atraigas activamente.

Como esposa, debes tomar la iniciativa. Una vez que lo hagas, creo que harás el dulce descubrimiento de que lo que hoy parece injusto para algunas personas es, de hecho, un privilegio especial concedido a las mujeres.

Tus momentos de intimidad espiritual con Michael constituirán entonces el trasfondo de tus actos de entrega corporal. Devolverán a tus experiencias sexuales su verdadero carácter de expresión de amor mutuo. Y la alegría volverá a impregnar vuestro matrimonio.

Con mi fiel afecto,
Lily

"¿Debo amarle solo para que vuelva a casa?"

Querida Julie:

No, no quería decir que debieras usar el amor simplemente como un medio para atraer a Michael de vuelta a casa. Eso no sería amor. Y de todos modos, el amor no es un medio para nada. Es algo que se desea por sí mismo y se da libremente por sí mismo.

El amor es esencial en la vida de toda persona humana. De hecho, acababa de enviar mi última carta cuando recordé un comentario de una de mis antiguas alumnas. Estábamos hablando de amor cuando ella dijo: "Cuando me aman, me siento real".

No sé si se dio cuenta de la profundidad de su comentario. Por supuesto, la elogié, pero cuanto más pensaba en ello, más me convencía de que había hecho una observación muy importante.

Cuando a un bebé se le cuida materialmente pero no se le quiere —si nadie le mira, le abraza, le besa o le hace sentir como un huésped bienvenido en este mundo— nunca se desarrolla normalmente.

Cada bebé desarrolla su propia individualidad a través de esta relación de amor con sus padres.

Del mismo modo, todas las personas desarrollan su individualidad plena a través de relaciones amorosas con otras personas y con Dios. Estas relaciones amorosas producen un florecimiento espiritual para el que no hay sustituto. Quizá por eso es cierto que cuando nos aman, nos sentimos reales.

Un amigo mío me contó que una vez subió a un taxi en Nueva York y saludó al conductor con un: "Buenas tardes". Profundamente conmovido, el conductor se volvió hacia él y le dijo: "Llevo quince años conduciendo un taxi en Nueva York y eres la primera persona que me saluda".

¡Qué condena de nuestra sociedad! Qué falta de reverencia es considerar a un ser humano exclusivamente como un medio para un fin.

Demasiadas personas no han conocido nunca a alguien que las ame de verdad y que les permita alegrarse del hecho de existir. ¡Qué terrible debe de ser para todos aquellos que se sienten irreales porque nadie les saluda, se alegra de su llegada, lamenta su partida ni siquiera repara en ellos! Hay demasiadas *tumbas sin nombre*, demasiadas personas que viven y mueren en el anonimato.

Si son ateos, su destino es el peor de todos, pues creen que, al morir, caen de este mundo sin amor a la nada más absoluta. Pero si creen en Dios y saben que hay Alguien que cuida de ellos y les ama infinitamente, se sienten reales a pesar de la indiferencia humana que les rodea.

Mi marido era muy querido por la gente sencilla, ya fuera en el supermercado o en la universidad, cuando decidía acompañarme. Siempre —y quiero decir siempre— saludaba a la gente, desde presidentes a ascensoristas, con un cordial "buenos días" o "buenas tardes".

Pueden parecer pequeñeces: no lo son. Por muy importantes que seamos en el sentido mundano, eso nunca debe cegarnos ante las personas humanas con las que tratamos.

Esto se aplica especialmente en el matrimonio.

Qué importante es que seas consciente en todo momento de que Michael es una persona humana y viceversa. Cuán importante será en tu relación con tus futuros hijos ejercer autoridad sobre ellos y al mismo tiempo estar lleno de reverencia por sus personalidades.

Así que, en lugar de querer a Michael para llevártelo a casa, quiérele por lo que es. Vuelve una y otra vez al cofre de tus preciosos recuerdos y recuerda con gratitud el regalo de Michael y tu amor por él.

A medida que renueves tu devoción por él cada día, estoy segura de que verás cómo el amor entre vosotros empieza a florecer de nuevo.

Que Dios os bendiga a los dos,

Lily

"Creía que sabía amar"

Querida Julie:

Tu dolor por tus faltas me angustia cuando considero solo su lado negativo. Es ciertamente doloroso para ti pensar que, en tiempos difíciles, has defraudado a tu amado de muchas maneras y que no le has amado como se merece.

Pero también tiene su lado positivo.

Muchas personas se sienten moralmente intachables porque nunca han asesinado a nadie ni robado un banco. Sus horizontes espirituales y morales se detienen ahí.

Sin embargo, cuanto más amamos, más sensibles nos volvemos incluso a nuestros pequeños defectos que, aunque normalmente son imperceptibles, se vuelven sorprendentemente visibles bajo la lupa de nuestro amor por el otro. ¿Cuántas ocasiones perdemos de decir la palabra justa o de prever la dificultad del otro y ayudarle cuando se tambalea?

Quien ama de verdad descubre que su amor es imperfecto y se lamenta por ello; le gustaría que fuera poderoso como un torrente, claro como el agua pura, ardiente como el fuego, tierno como una suave brisa. De hecho, solo cuando el amor alcanza un nivel sobrenatural, una participación en el amor de Cristo, se convierte en *lo que quiere ser*.

Que estés desilusionada por los defectos de tu amor por Michael indica simplemente que has crecido en autoconocimiento. Cuando te casaste con Michael hace dos años y medio, pensabas que eras capaz de un gran amor, alguien para quien el amor sería siempre lo más importante en la vida. Pensabas que siempre estarías dispuesta a dejarlo todo por amor.

Ahora sabes por experiencia que vivir tu amor no es cosa fácil. Qué tentador es dar a Michael por sentado, exigirle en lugar de darle, dictarle cómo debe comportarse contigo mientras te molestan incluso sus pequeñas críticas (por justas que sean) hacia ti.

Intenta considerar tu nuevo autoconocimiento como un motivo de esperanza. Cuántas ilusiones nos hacemos sobre nosotros mismos: qué fácil es imaginar que somos heroicos, desinteresados, generosos y humildes; qué doloroso descubrir que estamos lejos —muy lejos— de tener las nobles virtudes a las que aspiramos. Sin embargo, el verdadero autoconocimiento y la reforma exigen que nos enfrentemos a este hecho.

¿No te has dado cuenta del profundo vínculo que existe entre el amor y la humildad? El amor es grandioso y glorioso, pero está revestido de humildad. Puedes ser un genio matemático y estar muy orgulloso; puedes tener una voluntad de hierro y estar muy orgulloso; pero no puedes amar y estar orgulloso.

El amor enseña humildad.

El descubrimiento de tus imperfecciones te ha hecho más humilde, pero no es motivo para la desesperación que mencionas. No puedes cultivar un amor más profundo si caes en la desesperación sobre tu capacidad de amar.

¿No es la desesperación una respuesta tan equivocada como lo fue tu confianza en tu capacidad de amar sin límites? De hecho, las dos están animadas por el orgullo: igual que te juzgabas una gran amante (y en realidad no lo eras), no debes juzgarte una mujer fría y orgullosa, incapaz de amar a nadie. No eres ninguna de las dos cosas y pensar que lo eres es ir de trampa en trampa.

En lugar de eso, utiliza este descubrimiento humillante como una ocasión para reconocer tu debilidad, e intenta, con la ayuda de Dios, aprender a amar mejor. Un buen nadador no se deja dominar por una ola violenta; la utiliza en su provecho.

El doloroso descubrimiento de tus imperfecciones puede servirte también para tu santificación y para la perfección de tu matrimonio. Toda la vida debería ser una escuela de amor.

Julie, estás creciendo día a día. Ahora ves claramente cosas que eran espiritualmente invisibles para ti hace apenas unos meses. En mi opinión, esto es un signo de gran progreso. No pierdas de vista que tu anhelo de bondad perdura a pesar de tus fallos.

Confiad en que, con la ayuda de Michael y de Dios, vuestro amor mutuo crecerá hasta convertirse en esa comunión sublime a la que están llamados todos los matrimonios. Cuando Cristo curó a un niño endemoniado, dijo al padre del niño: "¡Todo es posible para el que cree". Y el padre respondió: "¡Creo, Señor; ayuda mi incredulidad"[94]. Del mismo modo, tú y Michael debéis deciros: "Sí, amo; ¡ayuda mi falta de amor!".

Con mis mejores saludos y mi afecto constante, Lily

---

94 Mc 9, 24.

"Estoy aprendiendo a perdonarme a mí misma"

Querida Julie:

Tu carta me hizo muy feliz. Tengo la sensación de que captaste lo esencial de los pensamientos de mi última carta aunque estuvieran imperfectamente expresados. Te opusiste inmediatamente a la ola de depresión que te dominaba y cambiaste una derrota por una victoria.

Sí, estoy segura de que Dios perdona el egoísmo que se cuela continuamente en tu matrimonio, ese egoísmo disfrazado de amor que detectas cada vez más. Dios siempre nos perdona cuando estamos contritos. (Recuerda las palabras del Salmo: "un corazón contrito y humillado, Dios mío, no lo desprecias"[95]).

Su gracia divina te ayudará a alcanzar ese maravilloso y necesario equilibrio entre reconocerte pecadora y respetarte como hija de Dios, hecha a Su imagen. Es una cuerda floja espiritual por la que debemos caminar y, sin embargo, mientras perse-

---

95 Sal 51, 19.

veremos, se puede lograr, porque Dios está ahí para ayudarnos.

Con cariño,

Lily

"He intentado rezar más"

Querida Julie:

Tu nuevo anhelo por una vida espiritual más profunda me da una gran alegría. Veo que has empezado a darte cuenta de su importancia para tu matrimonio. Cuanto más te acerques a Dios, más podrás amar y más hermoso será tu matrimonio.

Como te caracteriza, te has lanzado a tu *nueva vida* con ardor y entusiasmo, lo cual es ciertamente digno de elogio. En efecto, la oración y la lectura espiritual te ayudarán enormemente a resolver tus dificultades cotidianas a la luz de Cristo. Rápidamente descubrirás que tus luchas han sido compartidas por innumerables almas que alcanzaron la victoria porque confiaron en Aquel que obra mejor en vasos débiles.

Pero, al mismo tiempo, creo que pronto descubrirás que, al igual que tus imperfecciones te siguieron al matrimonio, también te seguirán en tu recién descubierto entusiasmo religioso, e incluso puede que a veces te lleven a hacer cosas perjudiciales en nombre de la religión. El problema no será tu nueva relación con Dios, sino tus antiguos defectos como persona.

Por eso es mejor que seas prudente con tu entusiasmo; no impongas a Michael tu nueva devoción religiosa ni le juzgues si se resiste a unirse a ti: Solo Dios puede juzgar. Recuerda que cada persona tiene su propio ritmo de desarrollo y no sería justo esperar que Michael siguiera el tuyo. No todas las flores florecen al mismo tiempo.

Intuyes que Michael ya ha hecho un par de comentarios medio humorísticos, medio sarcásticos, sobre tu nueva dedicación a la oración ("No sabía que me iba a casar con una monja"). Quizá teme que le dejes de lado si Dios pasa a desempeñar un papel central en tu vida.

Por supuesto, el verdadero amor a Dios no disminuye nuestro amor por otras personas. Todo lo contrario: cuanto más amemos de verdad a Dios, más amaremos a nuestro prójimo y, muy especialmente, a quienes están unidos a nosotros por las dulces cuerdas del amor natural.

Otro peligro cuando descubrimos la belleza de una vida espiritual intensa es ceder a sus delicias mientras descuidamos los deberes obvios a los que Dios nos llama. En su admirable *Introducción a la vida devota*, san Francisco de Sales afirma enfáticamente que ninguna devoción religiosa debe perturbar jamás la vida familiar[96]. Imagínense a una esposa

---

96 San Francisco de Sales, *Introducción a la vida devota*, trad. Pedro de Silva, novísima ed. (Madrid: Apostolado de la Prensa, [s. f.]), Parte I, cap. III, p. 14: "Es menester acomodar

que pasa tanto tiempo leyendo libros sagrados que descuida el hogar, desatiende a los niños y trata al marido como a un mueble (o peor aún: ¡como a un pecador sin remedio porque no comparte su ardor religioso!) Dickens caricaturizó admirablemente este peligro espiritual en el personaje de Mrs. Jellyby en *Casa desolada*[97], tan preocupada por su labor social en favor de una oscura tribu africana que descuida sin piedad a su familia.

Aunque no soy profeta, hay una cosa que puedo garantizarte: cuanto más vivas en presencia de Dios, relacionando todo lo que haces con Él, escuchando su voz, reconociendo el tema que te pone delante y muriendo a ti misma, cuanto más lo hagas, más hermosa será tu relación con Michael.

Aprenderás a controlar todas esas cosas que te han preocupado últimamente: tu lengua afilada, tu sentido crítico, tu humor, que puede ser devastador cuando no está templado por la dulce caridad. Michael descubrirá rápidamente que tu profunda espi-

---

la práctica de la devoción a las fuerzas, a los quehaceres y a las obligaciones de cada persona... ¿no sería esta devoción ridícula, desordenada e insufrible?".

97 Charles Dickens, *Bleak House* (*Casa desolada*), novela publicada por entregas entre 1852 y 1853; versión en español de José Rafael Hernández Arias, *Casa desolada* (Madrid: Valdemar, 2012). Dickens caricaturiza el peligro espiritual que la autora menciona en el personaje de Mrs. Jellyby, dedicada tanto a la filantropía lejana que descuida totalmente a su propia familia.

ritualidad está en el origen de estos felices cambios. No pondrá objeciones a prácticas religiosas que no le molestan (porque las haces discretamente) y que incluso le benefician de forma evidente.

Probablemente nunca hayas oído hablar de Elisabeth Leseur[98], una mujer francesa que perdió la fe tras casarse con un hombre que era un ardiente ateo. Se querían y tenían un buen matrimonio, pero al final ella se dio cuenta de que un matrimonio sin Dios está cojo: falta algo esencial.

Elisabeth encontró el camino de vuelta a Dios y comenzó a llevar una intensa vida espiritual. Sin embargo, para evitar conflictos con su marido ateo, fue tan discreta al respecto que su marido nunca se dio cuenta de que se había convertido en una ferviente católica romana, que había redescubierto en un nivel más profundo la misma fe que había abandonado cuando era solo una joven.

Elisabeth murió relativamente joven y, al haber llevado un diario en el que relataba su transformación espiritual, dejó un testimonio vivo de la acción de la gracia en su alma. Su marido encontró este precioso documento después de su muerte y solo entonces descubrió lo profundamente que ella había sufrido por su ateísmo y por el hecho de no po-

---

98 Elisabeth Leseur (1866-1914), venerable laica francesa, autora del *Journal et pensées de chaque jour* (*Diario y pensamientos de cada día*), publicado póstumamente (Paris: Éditions du Cerf, 2005). En proceso de beatificación desde 1934 y declarada venerable por la Iglesia católica en 2018.

der compartir con él los secretos más profundos de su alma. Fue golpeado por la gracia, se convirtió y se hizo sacerdote. (Más tarde, como sacerdote, escandalizaba a los desprevenidos de su congregación cuando hablaba de su *amada esposa*).

Michael no parece, por ahora, compartir tu anhelo de una vida más intensa y centrada en Dios. Así que lo mejor es que sigas el ejemplo de Elisabeth Leseur siendo cariñosa, comprensiva y generosa. Estoy segura de que, cuando Dios quiera, tendrás la alegría de compartir tu vida espiritual con Michael. ¡Qué hermosa perspectiva!

Con todo mi cariño y afecto para los dos,
Lily

"¡Nuestro bebé nacerá en junio!"

Querida Julie:

Por fin llegó la gran noticia: ¡esperas un hijo! He leído y releído tu carta varias veces para asegurarme de que era verdad. Esta noticia ha estado en mi alma todo el día, así que he aprovechado la primera oportunidad para escribirte.

Los dos grandes misterios humanos de la vida son el amor entre marido y mujer y la fecundidad de este amor. El amor da la vida. ¿Quién podría imaginar algo más hermoso que el hecho de que un niño sea concebido porque sus padres anhelan la unión más completa que puede existir entre dos seres humanos?

Ahora es vuestro inestimable privilegio que florezca en vuestro seno una nueva vida: el fruto misterioso de vuestro amor común. Gratitud, reverencia, asombro y amor son las únicas respuestas adecuadas a este acontecimiento y por eso estás tan abrumada. Tu pequeño bebé, ahora tan diminuto, no es solo un conglomerado de células; es una persona humana, hecha a imagen de Dios y destinada a disfrutar de Su vista para siempre en el Cielo.

¡Cómo me gustaría que todas las mujeres que han concebido meditaran sobre esto y dieran gracias a Dios, que les ha permitido participar en el misterio de Su creatividad! De hecho, Chesterton tiene razón cuando escribe que cuando uno piensa en el misterio de dar a luz, empieza a dudar de la igualdad de los sexos. Califica la maternidad de "espantoso privilegio femenino"[99].

Recuerdo que cuando te enamoraste de Michael me dijiste que empezaste a preocuparte por él: temblabas cuando viajaba y no llegaba a casa a tiempo, cuando estaba enfermo, cuando era infeliz.

Ahora que llevas a su hijo en tu vientre, empezarás a temblar de nuevo: ¿está sano este pequeño? ¿Se desarrolla todo con normalidad? Este temor amoroso te acompañará hasta que tu hijo y tú estéis por fin juntos en el cielo, a salvo de los peligros de este mundo.

Esto puede ayudarte a comprender por qué Michael también se siente abrumado por la noticia de tu embarazo y oscila entre el orgullo y la aprensión ante este acontecimiento que altera tan profundamente vuestras vidas.

Ahora, el misterio de vuestro amor fiel se ve coronado por el don de una nueva vida que crece en tu seno: un niño que os traerá sufrimiento, pero tam-

---

99 G. K. Chesterton, *What's Wrong with the World*, 8.ª ed. (London / New York / Toronto / Melbourne: Cassell and Company, Limited, 1910), p. 172.

bién una gran alegría y que te unirá a Michael más que nunca.

A partir de ahora, sois tres, ya no dos. Michael teme tanto los cambios que deben producirse como las nuevas responsabilidades que debe asumir. Ayúdale a adaptarse compartiendo con él tus experiencias durante el embarazo; cuéntale tus esperanzas para el pequeño que llevas en el vientre.

Hazle saber que cada vez confías más en él, de modo que, a medida que el embarazo avance y tú dependas más de él, Michael pueda fortalecerse como esposo, padre y protector.

En los próximos meses, Michael y tú debéis esforzaros por despertar y alimentar en el otro un profundo amor por este pequeño y un amor más profundo entre vosotros. Seguro que os espera una felicidad sin igual.

Cuando tengáis miedo, los dos debéis recordar que este niño pertenece en primer lugar a Dios y que Dios le ama infinitamente más de lo que vosotros podéis hacerlo. Arrodillaos juntos, confiad vuestro hijo a Dios en vuestras oraciones diarias y Él cuidará del niño mejor de lo que vosotros podáis, porque Él es todopoderoso.

Mi Querida Julie: veros a ti y a Michael madurar en vuestro amor mutuo ha sido un gran regalo para mí. ¡Qué aventuras habéis vivido juntos!

Desde la dicha de vuestra luna de miel hasta los problemas que os han afligido, habéis perseverado en el amor. En los buenos y en los malos momentos, habéis recordado que, aunque el matrimonio es una gesta de audacia, también es la escuela del amor. Juntos, Michael y tú habéis triunfado sobre muchas dificultades porque habéis experimentado la profunda alegría del amor fiel. Y habéis aprendido la lección más importante que puede aprender cualquier pareja: merece la pena luchar por el matrimonio.

¡Mi corazón canta de alegría! Me alegro con vosotros y por vosotros.

Con afecto,

Lily